INPUT

スタンフォード大学・
オンラインハイスクール校長が教える

脳が一生忘れないインプット術

星友啓

あさ出版

はじめに

AI時代の情報社会を生き抜く効果的なインプット法

必要な情報をできるだけ早く、効果的に頭に叩き込みたい。

「そんな望みを叶えます！」と、巷《ちまた》にはさまざまなインプット法があふれかえっています。

しかし、そうしたインプット法は、単なる個人の思い込みであったり、ある特定の人たちの経験談でしかなかったり。

「あなたには効いたかもしれないけれど、他の人でも効果はあるの？」

「インプット方法が良かったのか、その人の頭が良かっただけなのかわからない」

そう言ってしまいたくなるような再現性のないインプット法がたくさんあり、それらしいインプット法でも、科学的根拠がないものばかりです。

毎日新しいニュースや話題が飛び交い、職場で新たに身につけなければいけない知識やスキルは増え続けるばかり。
学校で学ばなければいけないことだって増え続け、社会で生きていくために必要なスキルは、どんどん複雑になっています。

そこで、この本の目的はズバリ、科学的に効果が確認されているインプット法をお伝えすることです。

最新の脳科学と心理学に裏打ちされた方法の中で、特に効果が高くて、すぐにでも実践できるものを厳選して解説していきます。

多くの情報を素早くインプットして、なおかつ長期の記憶につなげる。「脳が一生忘れないインプット法」を身につけていきましょう!

科学的に正解のインプット法

こんにちは、星友啓です。
私はスタンフォード大学にある中高一貫校の校長を務めています。名前はスタンフォード大学・オンラインハイスクール。創立18年。

テクノロジーと世界の教育のフロンティアでチャレンジを続け、近年、オンラインの学校でありながら、全米トップの進学校として認知されるようになりました。

そういった仕事柄、子どもから大人まで、勉強法の研究と実践が毎日の日課になっています。世界屈指のスタンフォード大学という「地の利」を生かして、最新の学術論文を網羅しながら、特に効果が高くシンプルなインプットの方法を、学校や職場などの学びの場に発信しています。

ことに近年、先端の脳科学や心理学によって、人間の学びのメカニズムが科学的に紐解かれてきました。そうした流れの中で、「学びの科学」(science of learning)と呼ばれる研究分野が広く認知されつつあります。

これまで学びの科学は、さまざまなインプット方法の効果を検証してきました。それにより、誰かの思い込みや、単なる体験談によるものではなく、科学的なエビデンスのある効果的なインプット法が解明されてきたのです。

その一方で、これまで良しとされていたインプット法の中から、実は効率が悪かったというものも数多く見つかってきています。

例えば、次のインプット法のリストをご覧ください。

・本を読むときは「つまみ読み」から始める
・記憶を定着させるためには繰り返し読み直す
・YouTube動画で学ぶときは字幕付きで見る
・ポッドキャストは1・5倍速までがおすすめ
・メモやノートは手書きでとる
・インプットを始める前に前回学んだことを思い出す

どれも多くの人たちが実践している日常的なインプット法です。

しかし、後ほどお話しするように、**これら6つの学び方のうち、科学が明かした正解はたったの3つ。**他は、思ったほどの効果が確認されていません。

この本では他にもたくさんのインプット方法を科学的に吟味して、脳や心のメカニズムを最大限に生かしたインプット法をわかりやすく説明していきます。

モチベーションとフェイクニュース

そしてこの本はそこからもう一歩踏み込んでいきます。なぜなら、脳や心のメカニズムに適ったインプット法だけでは、効果的なインプットを実現できないからです。

第一に、新しいことを学んだり、膨大な量の情報をインプットしたりするには、モチベーションが必要です。生半可な努力では、目標達成は難しくなってしまいます。

そうです。最高のインプットには、最高のやる気の維持が大切になってくるのです。

第二に、どの情報がインプットするに値するものなのかを見分けるスキルが必要です。

右も左も情報だらけのＡＩ時代。世知辛くも、フェイクニュースや陰謀論があちこちに散在しています。

そのため、たとえ、目の前の情報をうまくインプットして、記憶に定着させることができたとしても、それがフェイクニュースだったとしたら、元も子もありません。

この本では、効果的なインプット法に加えて、科学的なモチベーション維持の方法と、より信頼性のある情報を見つけるリサーチ方法についても解説していきます。

高いモチベーションを維持して、信頼できる情報を、効果的なインプット法で学習できるようになる。それが、この本のテーマです。

毎日の仕事に効果的なインプットが必要なビジネスパーソン。
効果的な学習方法を実践したい学生の皆さん。
子どもの勉強法を少しでもサポートしたい親御さん。
多くの子どもや学生たちを日々支えている教育者の方々。
そして日常に生かせる最新科学の豆知識が気になる愛読家の方々。

ぜひこの本を読んでいただき、ＡＩ時代の情報社会を生き抜く糧にしていただければと思います。

星　友啓

スタンフォード大学・オンラインハイスクール校長が教える
脳が一生忘れないインプット術

もくじ

第1章

脳はどうやってインプットしているのか？

第2章

脳を最大限にエンゲージする「読むインプット」術

第3章

現代を生き抜く力！　マルチメディアでの学習法

第4章

脳に焼きつく記憶メソッド

第5章

インプットの質を上げるモチベーション管理

第6章

スタンフォード式　AI時代の情報の見分け方

協力／長倉顕太
本文デザイン・ＤＴＰ／内藤富美子（北路社）

第 1 章

脳はどうやって
インプット
しているのか？

速読インプットを最新科学が徹底解明

メガネをかけたブルネットの女性が、テーブルのブックホルダーに置かれた分厚い英語の本のページを素早くめくっている。

彼女が読んでいるのは、当時未公開のハリー・ポッター最終作。英語で784ページの大作。読み始めて47分、彼女は本を閉じた。

名はアン・ジョーンズ。世界的にも有名な速読の達人で、速読の世界大会で6度も優勝している。

読書後、インタビュアーに「感想は？」と聞かれ、「あの新しい展開には驚かされた……」などと、新刊の内容に符合する感想を手短に話す。

「超速読家アン・ジョーンズ、ハリー・ポッター最終作を47分で読破！」

ハリー・ポッターの出版社が新刊のお披露目イベントとして、速読の達人のアン・ジョーンズのデモンストレーションを行い、その様子を地元のニュースメディアが取り上げた。

そのニュースを見ていた大学生のウィルは、かねてから興味を持っていた速読術にハマりだし、速読マニュアルを読みあさり、トレーニングを重ねていく。


こちらは、実際にあったニュースをベースにしたストーリーです。果たしてウィルは、アン・ジョーンズのような超速読のスキルを手に入れることができるのでしょうか？

この章ではまず、**インプットの王道「読む」をテーマに、速くて効果的な「読むスキル」を追求していきます。**


アン・ジョーンズのような驚愕《きょうがく》の速読は、果たして可能なのでしょうか？

ハリー・ポッター最終作を47分で読み切るには、実に１分間で英単語４２００語を読み続けなくてはいけません。通常の本好きは１分間に２５０～４００語程度と言われているので、ざっくり通常の10～15倍の速さです。

そんなことが可能であるとすれば、アンの目と脳では何が起きているのでしょうか？

効果的な「読むインプット」のためにしてはいけないこと、するべきことを、最新の脳科学や心理学のエビデンスに基づいて徹底解明していきましょう。

読むときに目が本当に見ているもの

まず、「速読」とは、書いてある言語イメージを素早くインプットすることです。だとすると、アン・ジョーンズのような速読の達人は何らかの形で、普通の読者よりも素早く言語イメージをインプットしていることになります。

それはどうしたら可能になるでしょうか？

アン・ジョーンズのようになりたいと夢見るウィルになったつもりで、いくつか方法を想像してみてください。

例えば、本を読むときの視野を広く持つなんてどうでしょう？

本のページをパッと一瞥《いちべつ》したときに、ページ全体が視界に入ってくる。そして、そこに書いてある言語イメージが一気に認識される。まるで、ページごとにパシャパシャと写真を撮るように。

速読者のインプット方法の仮説

人はページ全体を写真を撮るように記憶できるのか

それができれば、ページを高速でめくっても書いてあることが理解できて、47分で分厚いハリー・ポッターを読破することも可能になるかもしれません。

実際に、視野を広くすることで速読が可能であるということが以前から主張されてきました。[1]

しかし、残念ながら、パッと見でページ全体を把握する写真式の速読術は、目や脳の仕組みからして、科学的に不可能であることが明らかになっています。

それでは、なぜ不可能なのかを解説していきましょう。

左ページの図は、人間の視野に入っているものがどのように認知されているかを表しています。

視野の中心部分は中心窩《ちゅうしんか》と呼ばれています。図のように、くっきりと文字が認識できる部分です。

幅にすると、視野の中心から角度で左右に2度ほど、自分の手を前に伸ばして、「グッド！」と親指を立てたとき、実際に見える親指の幅くらいのごく小さな領域です。

その周りの傍中心窩《ぼうちゅうしんか》やその周辺になると、字がどんどんぼやけていき、4度を超える周《しゅう》中心窩《ちゅうしんか》では主に明暗の判断しかできなくなってしまいます。

目で文字がくっきり見える範囲

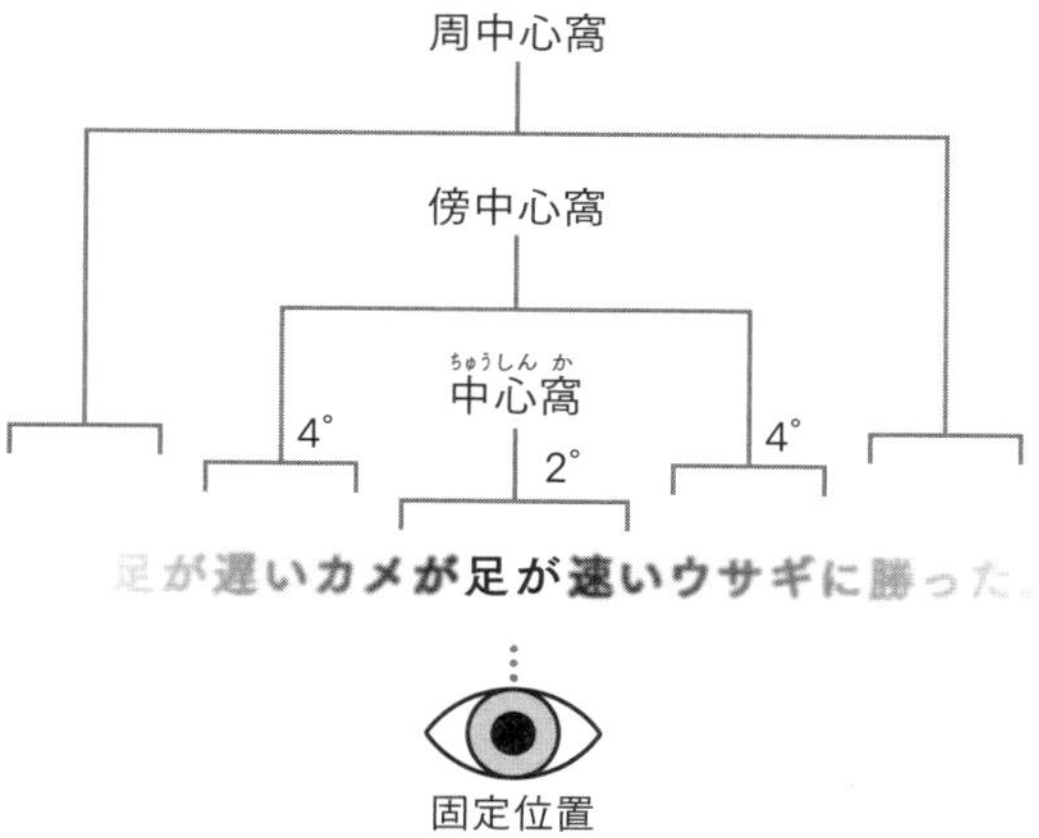

パッと目で見て認識できる文字数は少ない

こうした目のメカニズムのため、目を動かさずに、パッと目で見て認識できる文字数は非常に少なく、通常の本の文字のサイズで、英語のアルファベットだと17〜19文字ほどです。[2]

つまり、パッと見ただけで、1ページ全体に書いてある全ての文字を一気に認識して脳に焼き付けることは不可能なのです。人間の視覚のメカニズムの限界により、どう頑張ってもそんなことはできません。

人間が人間である限り、トレーニングや才能でどうこうできるものではないのです。

人間の目の動きと脳の理解力のリミット

写真式の超高速読書は無理だとしても、速読に熱心なウィルならば、違うアイディアを見つけてくるかもしれません。

人間が一度に見ることができる範囲に限界があるのなら、その見える範囲を速く動かせればいいのでは？　そうだ、目をトレーニングすることによって、超速読が可能になるはずだ。
一度に数文字でも、目を高速で動かして、あっという間に書いてある文字全てに目を通し、高速でインプットする。それができれば、超高速の速読も夢ではないはず。

しかし、**目の動きを速くすることでも、アン・ジョーンズのような高速読書をすることは不可能です。**

それを理解するために、私たちが本を読んでいるとき、脳と目では何が起きているかを、少し科学的に掘り下げていきましょう。

まず、読書をしているときの自分の目の動きをイメージしてみてください。

例えば、文章の前から後ろに、連続的に、途切れなくスムーズに、視線が動いていっているように感じられるのではないでしょうか。

しかし、実際に私たちの読書中の目の動きを分析してみると、一つ一つの言葉ごとに、目の動きがほんの少しだけ止まっていることがわかります。つまり、私たちの目は「凝視してから次に動く」を繰り返しているのです。

27ページの図は、読書中に目が凝視した点を時系列でつないだものです。私たちの目が動いては止まり、また動いては止まりを繰り返しているのがわかります。

読書が速い人で、1つの言葉を凝視する時間の平均は0・25秒。そして、凝視の後に次の言葉へと目が移り動いていく時間がおよそ0・02〜0・035秒です。[3]

私たちの目がそのように凝視と移動を繰り返しながら、正しい順序で一つ一つ言葉をインプットしていくことで、文章全体の内容の認識が生まれるのです。[4]

これを踏まえた上で、言葉を認識する脳と文字イメージを取り込む目が、神経を通して忙しくシグナルをやりとりしている様子をイメージしてください（29ページの図参照）。

まず、目を通して文字から得られた言葉の視覚イメージが脳に送られます。

そして、脳からは目に対して「動く」「止まる」などの指令が送られます。

しかし、その指令は神経を通じて行われるので、時間がかかります。脳から指令が出て目が動くまでの時間は、読書中の場合、平均0・15〜0・20秒です。[5]

先ほど目が、ある言葉を凝視して次の言葉に移るまで0・25秒と説明しましたが、その時間の大半である0・15〜0・20秒は、脳から指令が出て目が動くまでの時間なので、目を速く動かすことでは縮めることができない時間ということになります。

読書中の視線の動き

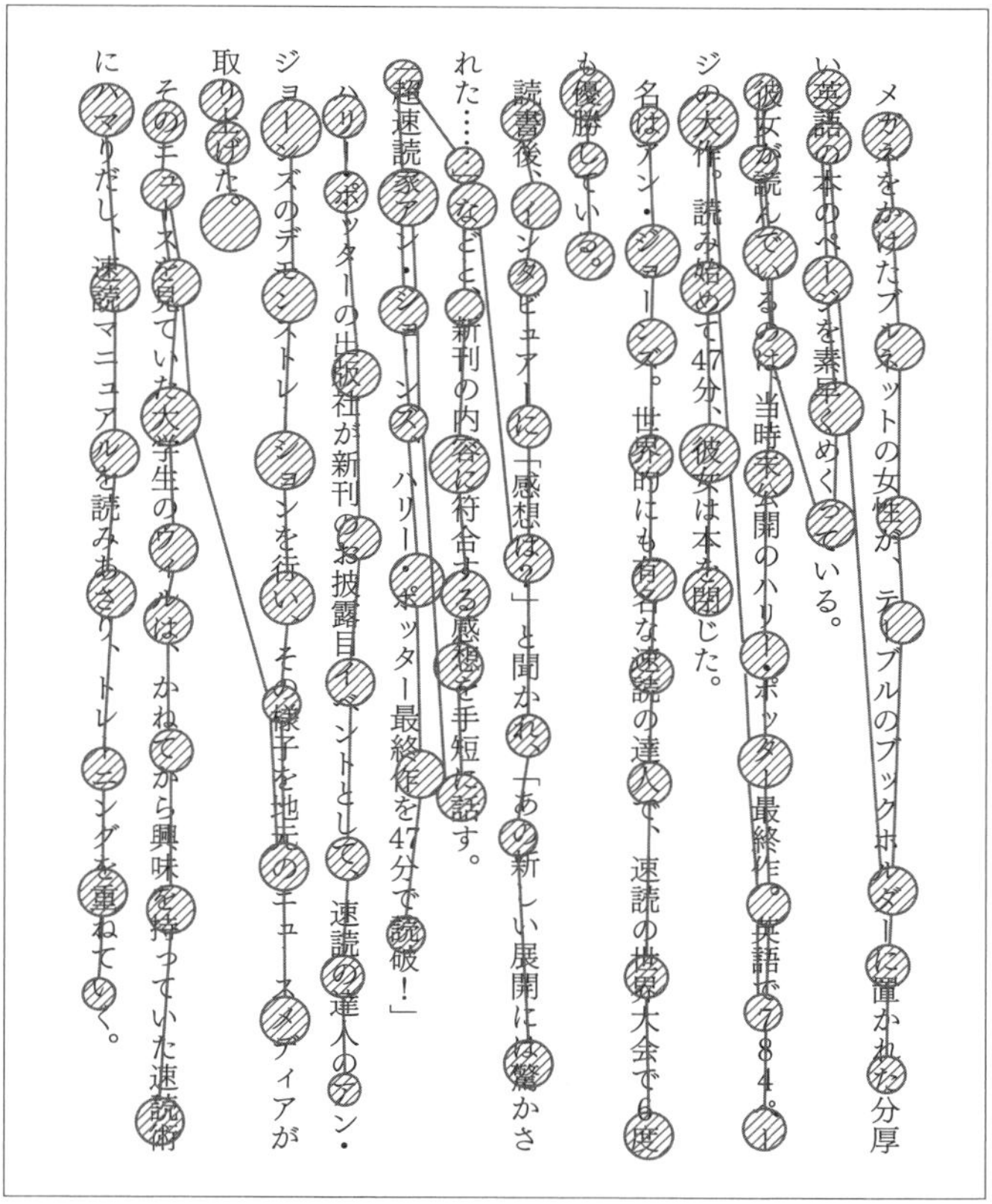

読書中、私たちの目は「凝視してから次に動く」を繰り返している

そしてもちろん、脳が目に指令を送るのにかかる時間は、目の筋肉をどれだけ鍛えたところで変わるはずもありません。

つまり、いくら目の動きを速めても、指令にかかる0・15〜0・20秒は縮めることができないのです。

ということは、たかだか0・25秒の凝視を0・15秒にするのが限界ということになります。

したがって、目を動かす速さのトレーニングをいくら頑張っても、読書の速さは2倍にさえならず、アン・ジョーンズのような通常の10倍や15倍の速読は不可能なのです。

アン・ジョーンズのような速読術は、脳と目の仕組みから見て原理的に無理があり、目の動きの速さをトレーニングすることでは実現不可能なのです。

この事実は、これまで速読の科学的研究として、さまざまな形で報告されてきました。

そうした成果に基づいて、**視野を広くしたり、目の動きを速くするトレーニングをしたりすることでは、アン・ジョーンズのような超人的な速読スピードを出すことはできないというのが共通認識になってきたのです。**[6]

読書中の目と脳のシグナル

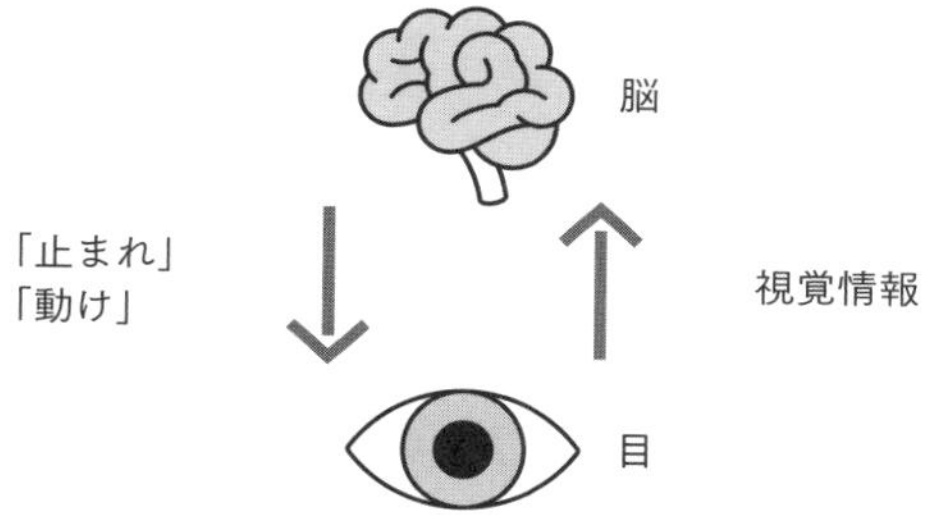

「文字から得られた言葉の視覚イメージ」が目から脳へ送られ、
「止まる」「動く」などの指令が脳から目へ送られる

読書中の8割は文字を見ていない

私たちの読む速度を左右しているのが目の動きのスピードでないならば、何なのか？

速読に熱心なウィルにとっては、切実な疑問です。

これまでの科学が明かしてきたのは、読むスピードをより大きく左右しているのは目から入ってくる文字情報を、脳が解釈するスピードだということです。

非常に重要な点なので、解説していきましょう。

もう一度、自分が本を読んでいるときのことを想像してみてください。次から次に、文字を目が追い、文章を理解していく。

このときに起こっている視線の動きは、絶えず動き続ける連続的なものではなく、「止まる」「動く」の繰り返しで、1つの言葉に約0・25秒止まった後、0・02〜0・035秒かけて次の言葉に移っていくというものでした。[7]

それを踏まえた上で、次のような実験が行われました。[8]

私たちが黙読をしているときの視線を、コンピューターが詳細に追跡できるようにし、目が凝視をし始めた言葉を素早く特定して、凝視が始まりまもなくすると、その言葉を消してしまうようにプログラムしたのです。

例えば、「インプット」という文字への凝視が始まってから0・06秒後には、その「インプット」という文字が完全に視界から消えてしまうことになります。

すると、目の凝視時間は0・25秒なので、0・06秒後に文字が消えるということは、その後、約0・19秒の間は、目は何も見ていないことになります。

また、目が動き出して次の言葉の凝視を始めるまでの0・02〜0・035秒の間も、新しい文字情報が目に入ってくることはありません。[9]

つまり、凝視した言葉が消えてから0・210〜0・225秒の間は、新しい文字情報

目が文字をインプットしない時間がある

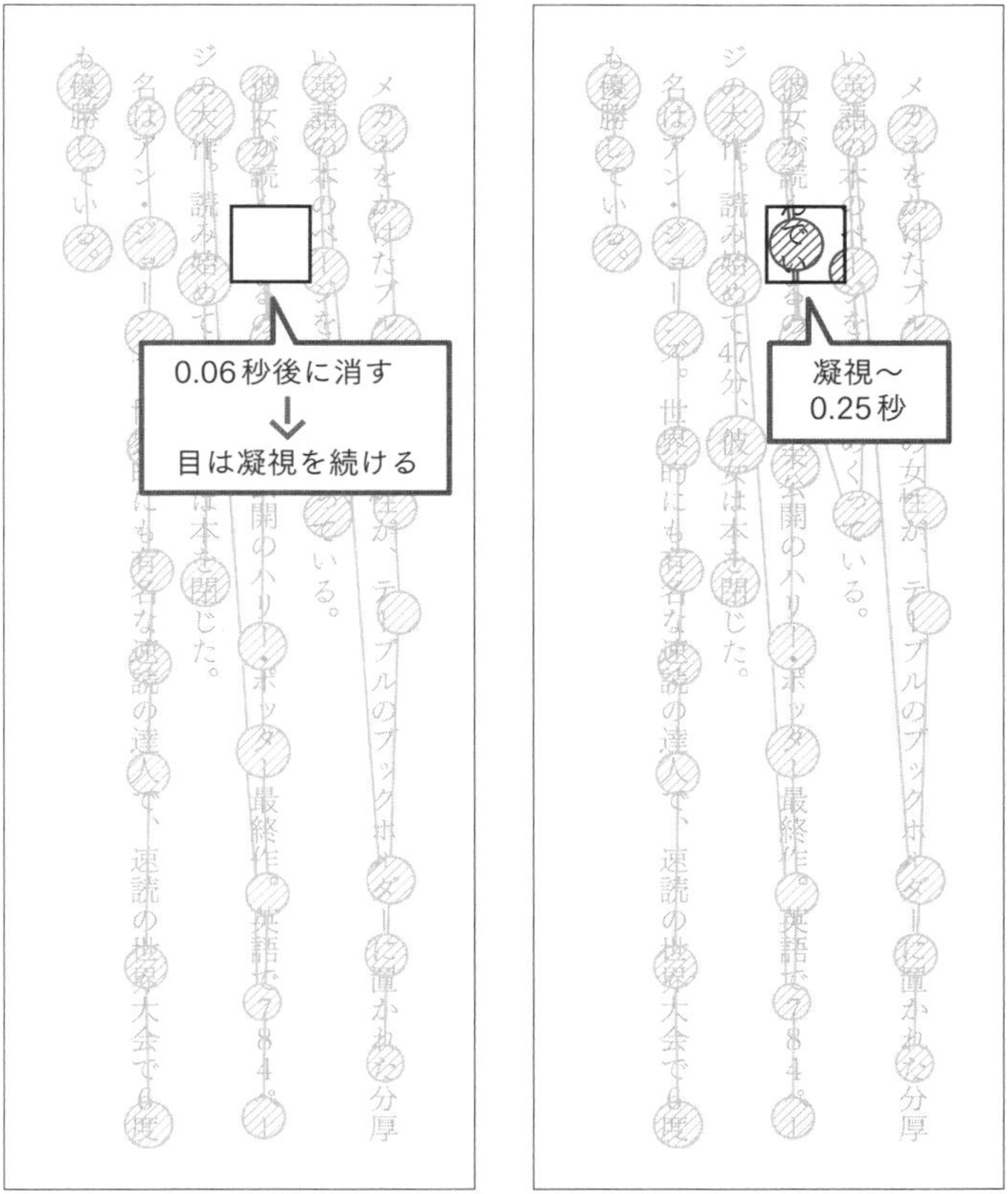

0.19秒は新しい文字の情報がインプットされていない

が一切インプットされていないことになります。

これは異常な読書環境のように思えますよね。読書中のほとんどの時間、目は文字を見ていないということになるのですから。

しかし、そうした状況でも、私たちの読書には全く影響が出ないということが判明したのです。

目が文字のインプットなしに凝視を続ける「空白の0・19秒」。

文字を見つめている時間が減るからといって、読書の理解が通常よりも害されるわけではなく、また、文字の表示がなくなったからといって、目がいつもより早く次の文字に向かうわけでもなかったのです。

空白の「0・19秒」があっても、読書は通常の場合と同じ理解力とスピードで、文章を読むことができたのです。

つまり、そもそも私たちが通常の読書をしているとき、目を使って新しい文字情報をインプットしている時間は、全体の読書時間のごく一部だということになります。

凝視の0・25秒と、目が動く0・02〜0・035秒のうちの0・06秒、ざっと2割くらいです。

その他の時間、空白の0・19秒と目が動いている間[10]を合わせて、**読書時間のおよそ8割は、目から新しい視覚情報がインプットされることはなく、脳が言葉の意味を理解するのに費やされているということになります。**

要するに、読書の鍵は、目の動かし方ではなく、脳の理解力が8割なのです。

そのため、たとえ目を無限に速く動かすことができたとしても、読書時間の8割は脳で言葉を解釈する時間に費やされることになります。

目から入ってくる文字情報を、脳がしっかりと解釈することができなければ、速読どころか、「読むインプット」そのものが成り立たなくなってしまいます。

ましてや、視野の広さや目を動かす速さには限界があるので、目のトレーニングでは、速読には効果がほとんど期待できない、というわけなのです。

それでは、目のトレーニング以外で、なるべく速くて効果的な「読むインプット」をする方法はないのでしょうか。

そこは速読に熱心なウィルにお任せです。他にもポピュラーな速読術を見つけました。

それでは今度は、そちらの速読術も科学的に吟味していくことにしましょう。

「心の声」で効果的なインプットができる

ウィルの見つけた次の速読術を考えるにあたり、読者の皆さんに、自分の読書の仕方について振り返っていただきましょう。

実に今、皆さんはこの文章を読んでいらっしゃいます。そこで質問です。

この文章を読みながら、読んでいる内容を心の中で読み上げているような感覚を持っていますでしょうか？

声には出さないものの、心の中で「音読」しているような感覚です。

読書が得意な方は、通常の黙読時には、そうした「心の音読」を感じていないかもしれません。

熟練の読書家の方でも、昔は「心の音読」派であったという方や、どこか難しいところに差し掛かってゆっくりと読み直そうとするときに「心の音読」をしているという方が、いらっしゃるかもしれません。

ウィルが見つけた速読術は、まさにこの「心の音読」をやめることで速読のスピードを上げるというものです。

これは確かに説得力があるようにも感じます。

そもそも声に出して読むスピードには限界があるため、それを乗り越えるための黙読だという理解さえあるかもしれません。

心の声が聞こえていると、実際の声で話しているのと同じようで、スピードが遅いような感覚もあるでしょう。

しかし、「心の音読」をやめるという速読術には注意が必要です。

特に、ごく自然に読書を重ねる中で「心の音読」を克服したならまだしも、無理に「心の音読」をやめようとしてはいけません。

なぜなら、「心の音読」は私たちの読書の理解力と深く関連しているからです。

実に、**「心の音読」を無理に抑制すると、読んだ内容の理解が下がってしまう**ということがわかっているのです。

この事実を、ここで読者の皆さんにも実感していただきましょう。

この後の文章を読むときに、「ダダダダダダ」と実際に声に出しながら読んでみてください。

そうすることで、「心の音読」が難しくなるはずです。

そうした状況で本を読むと、内容がなかなか頭に入ってこないことが実感しやすいと思います。

実際に、こうした実験から「心の音読」が私たちの理解力に大きく寄与していることがこれまでに確認されてきました。[11]

さらに、最新の脳科学でも、音声認識が黙読と深く関連していることや、[12]「心の声」が理解や記憶の効果をアップさせることもわかっています。[13]

ですから、「心の音読」は、私たちの速読の妨げになっているどころか、効果的な「読むインプット」に必要な脳のメカニズムだと言うことができるのです。

そのため、よくある速読術のすすめにあるように、「心の音読」を必要以上に抑え込んでしまうのは危険なのです。

とはいっても、「心の音読」は、声で話しているようで、遅く感じてしまう。そんな感覚は誰もが持っているでしょう。

しかし、実は心の中の「声」は、遅く感じても、実際に話したり聞いたりするよりも、かなり速いことがわかっています。[14]

つまり「心の音読」は、私たちが思い込んでいるほど遅くなく、むしろ読んだものを理解するのに大事な働きをしてくれているのです。

一方通行の読書は理解を妨げる

ウィルが見つけた人気速読術の中に、もう１つ気をつけておかなくてはいけないものがあります。

それは、読んでいるときに目の動きを逆走させないこと。いったん読んだところに戻る目の動きをやめるというものです。

39ページの図をご覧ください。右の図も左の図も、読書をしている人の視線がどのように動いているのかを示しています。

右は、読書するときの視線が文章の流れに沿って動き続けているのに対して、左は途中まで読んでから急に上の部分に視線が戻っています。

このような読書中の視線の動きは「後退」と呼ばれています。

視線の後退は、実に、読書中の視線の動きの約10～15％を占めています[15]。

そうであればなおさら、その10〜15％の時間を前に戻る目の動きではなく、先に進む動きに変えたほうが、より多くの文字をインプットできるのでは？　そんなふうに考えるのは自然です。

実際に、読むのが速い人たちは、普通の読書スピードの人たちよりも、視線の後退が少ないことも確認されています。[16]

では、やはり、視線の後退を減らせるように練習しよう！

そう言いたくもなりますが、実はそれが落とし穴で、無理に視線の後退を抑制するのは得策ではありません。

ここでも注目すべきが、視線の後退は、私たちが読んだ内容の理解をサポートしているという事実です。

視線の後退は、本を読んでいる私たちの優柔不断な目の動きによって起きているわけではないのです。

読書中の視線の動き

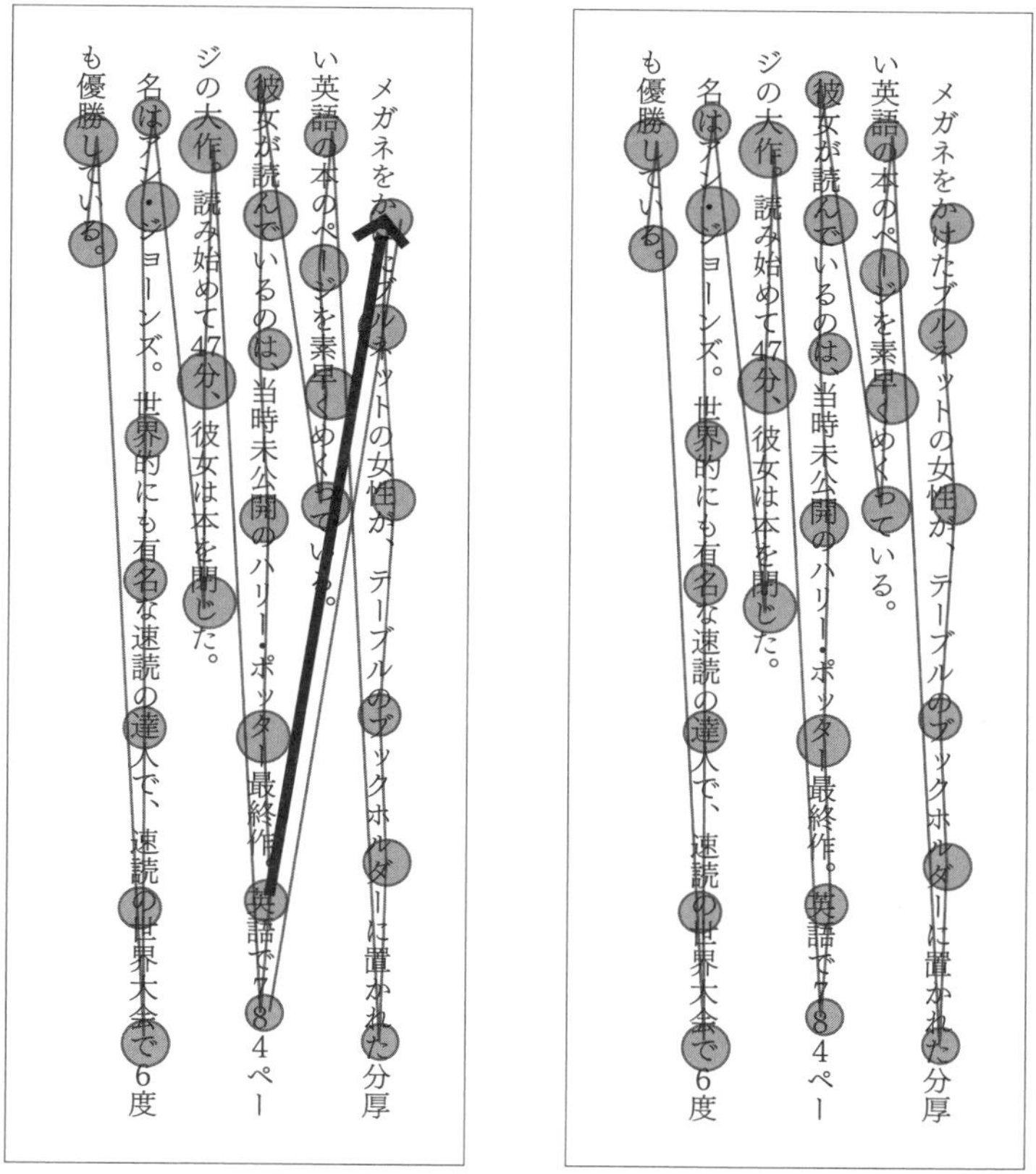

視線の後退は読書時間の約10～15％を占める

実際に、視線の後退ができないような仕掛けをした環境で文章を読むと理解度が30％以上下がったという実験もあります。[17]

さらに、通常の速度より速い速読者の視線の後退は少ないが、それに伴って理解度も下がってしまう傾向があることも判明しています。[18]

前から順番に言葉を理解しながら、全体の文章の理解を進めていく。

その途中で、勘違いを正したり再確認をしたりするために視線の後退が必要で、それを抑制しすぎてしまっては、読んだ内容をしっかり理解できなくなってしまうのです。

いたずらに文字を目で追い続けるだけでは、必要な情報の理解や記憶がままならず、効果的なインプットにはつながらなくなってしまいます。

世界的な速読家の脳で本当に起きていること

視界は広くできないし、目の動きをトレーニングしてもダメ。

心の音読や視線の後退なしでは理解度が下がってしまう。

ここまで見てきたように、これまで良しとされてきた速読の方法が、科学的に検証した結果、効果がないどころか、不可能であることがわかってきました。

では、アン・ジョーンズなど、驚異的な速読術を身につけた人たちは一体何をやっているのでしょうか。

これまでの**速読に関する科学的研究が、分厚いエビデンスとともに示しているのは、ズバリ、超高速の読書は「効率的なつまみ読み」**だということです。

脳や目の限界からして、アン・ジョーンズのような速読のスピードで全ての文字を読み込むのが不可能であるならば、できることはただ1つ。

書いてある全ての文字情報を目に入れようとするのではなく、重要そうな部分にだけ注目する。

つまり、重要箇所の「つまみ読み」です。

実際に、速読者の目の動きは、全体を捉えることなく、ごく一部の文字情報にしかフォーカスしていないことがわかってきています。[19]

左ページの図は、文章を読んでいるときの読者の視線の動きを追ったものです。

上の図は通常の読み方の視線の動きで、何度も上から下に視線が動き、ページ全体を目線がカバーしていくのがわかります。

それに対して、速読者の視線の動きを表した下の図は、ページ全体のごく一部しか目線が通っていません。つまり、速読者がページのごく一部だけを「つまみ読み」しているのがよく表れています。


アン・ジョーンズのような速読家は、そのように「つまみ読み」で得られた内容をベースに、自分の持っている知識を重ねて、全体の内容をつなぎ合わせているのです。

そうであれば、ハリー・ポッターのような人気シリーズものは好都合です。これまでのハリー・ポッターのストーリーを知っていれば、部分的な情報からでも新しい本がどんな内容かを想像しやすくなるからです。

このように速読をして、アン・ジョーンズは新刊のハリー・ポッターの内容についてのインタビューに答えることができたのです。それが、これまでの速読に関する科学的研究の見解です。

通常の人と速読者の視線の動きの違い

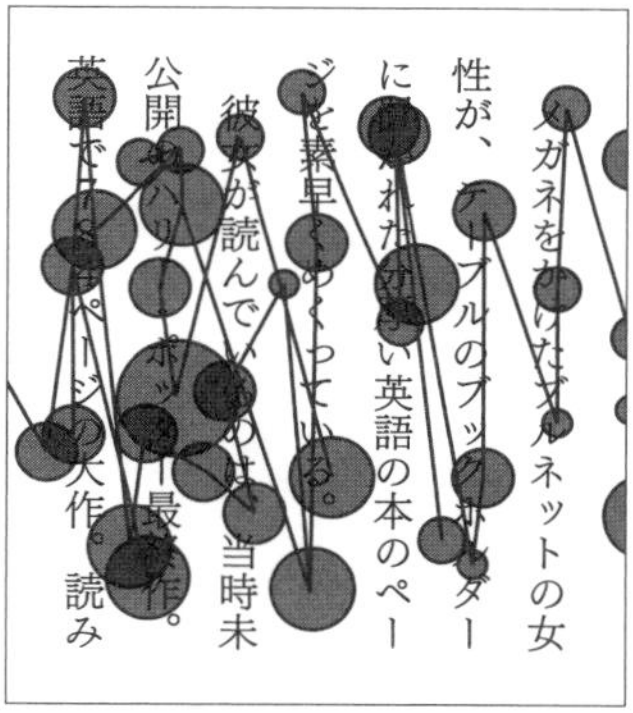

通常の人の視線の動き

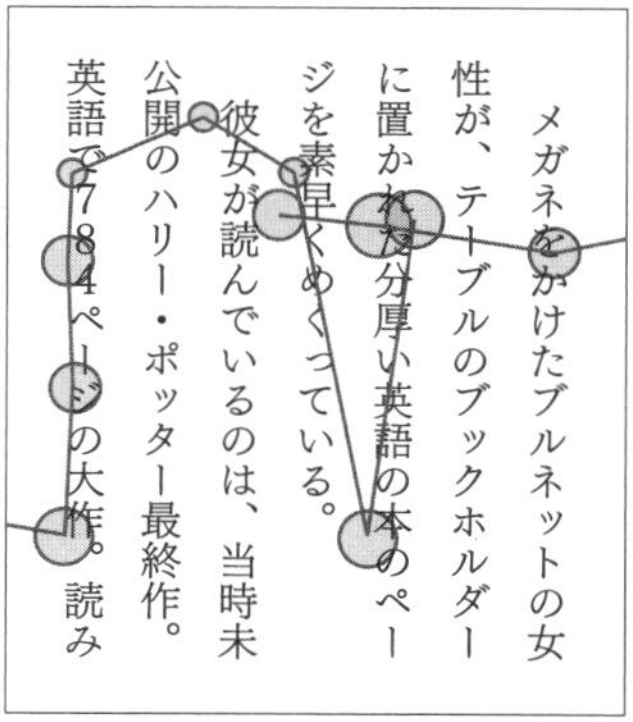

速読者の視線の動き

速読者は一部を「つまみ読み」している

そうした見解を直接確認するような実験結果も報告されています。

例えば、速読トレーニングを受けた人たちと、通常の読者を比べたとき、誰も内容を知らないような専門知識に関する文章では、理解力テストで差は出ませんでした[20]。

この結果を理解するために、未発表の科学論文の内容を噛み砕いた新聞記事を想像してみてください。

見慣れない専門用語の解説や、知らない研究結果など、常識的な範疇《はんちゅう》では書いてあることが想像しにくい。それは、速読家であろうとそうでない人であろうと変わりはなく、部分、部分を「つまみ読み」しただけでは全体の内容を想像しにくく、理解力テストの結果がともに低くなってしまうのです。

一方で、これまでのシリーズの内容から続編が想像しやすいようなフィクションや、歴史や社会情勢など一般常識にテーマがあるような記事では、速読者のほうが理解力テストの結果が良かったのです。

自分の持っている知識から推測しやすいような内容のものだと、「速読」の力が発揮されやすいというわけです。

科学が明かしたスピード重視の「つまみ読み」インプットの極意

これは確かに、速読に熱狂しているウィルにとっては残念な報告かもしれません。

しかし、この本のテーマは効果的なインプット。

これまでの科学が、超高速の読書は、効果的な「つまみ読み」によるインプットだと明かしたのであれば、それをどのように実践できるかを考えていきましょう。

全部をしっかり読み込む時間がない。それでも、全体の内容をできるだけ把握したい。そうするための効果的な方法を身につけたい。

忙しい毎日を生きる私たちには、そうしたインプットも必要なのです。

そのようなニーズに応えるために、この章の締めくくりとして、最新の科学が明らかにした効果的な「つまみ読み」のコツを解説しておきます。

まずは1つ、クイズです。

いつものあなたのスピードで全部読むと10時間かかる本があります。しかし与えられた時間は5時間です。

半分の時間で、できるだけ本の内容をインプットするためには、次のどの「つまみ読み」の方法が良いでしょうか？

A　同じスピードで全体の前半だけ全て読む
B　同じスピードで全体の後半だけ全て読む
C　同じスピードで全段落の前半だけ読む

どれもあり得そうですが、この中のどれか1つが飛び抜けて効果が高いという結果が出ています。

答えは、Cです。

文章はおしなべて前半のほうにキーになる言葉や考えが出てきます。読むべき材料の各段落の前のほうだけを「つまみ読み」しておくと、全体の内容を素早く把握することができるのです。

このようなテクニックが示しているように、「つまみ読み」に熟練している人たちは、重要そうな情報を見つけ出して、そこをしっかり読んで、ある程度理解したら、次の新しい情報まで思い切って一気に読み飛ばしていきます。[21]

それではどうやって読むべき材料の中から重要そうな情報を嗅ぎ分けて、ピックアップしていけばいいのでしょうか？

まず、**見出しやタイトルなどがあれば、しっかりと読みます。**

見出しやタイトルを先にしっかり読む習慣は、高速で読もうとしていない場合でも、「読むインプット」のクオリティーが格段にアップすることが科学的にもわかっています。[22] 次の章でもじっくりと解説していきます。

そして、**全体を把握した上で、それぞれにかける時間配分を決めます。**

自分が知っている内容だと思う部分には少なめ、新しい情報がありそうな部分には多めの時間をかけます。特に文章のオープニングには少し多めに時間をとりましょう。

その上で、**章やセクションのはじめと、各段落のはじめに目をつけます。**[23]

こちらはまさに先ほどの「全段落前半読み」のテクニックの要領です。文章の前半にキーとなる情報が書かれるという傾向を活用するのです。

この3点に気をつけながら、時間の許す範囲で目をつけた場所を読んでみて、ある程度何について書いてあるかわかったら、次の目星に飛んでいきましょう。

その中でも、重要そうに思えるところは制限時間内でなるべく時間を費やすようにしましょう。

十分に理解が進んだと思ったら、新しい学びがなさそうな部分は飛ばしてOKです。章の最初は割と時間がかかっても、後半の内容は読まなくても全体像はつかめることがしばしばです。

インプットしようとしている情報が、書籍等ではなくインターネットの記事やコンピューター上の文書ファイルなどの場合、ChatGPTなどの生成AIツールや、その他の要約ツールを使うのもおすすめです。

まさに、これまでは「つまみ読み」のスキルが必要だったところに、テクノロジーが大活躍してくれます。

ただ、ChatGPTなどの要約ツールを使ったインプットにはいくつか注意も必要なので後ほど第3章で詳しく解説していきます。インプットした情報を記憶に焼き付けるために意識しなければならないことがあります。

しかし、もちろん「つまみ読み」や「ＧＰＴ要約」などのインプットの仕方では、書いてあることの隅々まで理解することはできないかもしれません。

これらはあくまで、時間が足りないときに文章の全体像を把握するためのテクニックにすぎません。

そのため、**インプットの目的が全体を大まかに把握することではなく、詳細な情報まで理解することなのであれば、違うアプローチを考える必要があります。**

そこで、次の章では、高速スピードで全体を把握するインプットから一歩踏み込んで、クオリティーの高い「読むインプット」の方法を紹介していきます。

必要な情報を的確にインプットして、さらにそれが記憶に定着しやすい。そんなインプットの方法を、脳科学や心理学の視点から紐解いていきましょう。

第1章 まとめ

POINT

- ☑ 視野を広くしたり、目の動きを速くしても速読は不可能
- ☑ 読書時間の8割は脳が理解する時間に費やされている
- ☑「心の音読」は理解や記憶の効果をアップさせる
- ☑ 重要箇所の「つまみ読み」が読書のスピードを上げる！

効果的な「つまみ読み」の方法

①見出しやタイトルなどがあれば、しっかりと読む

②全体を把握した上で、それぞれにかける時間配分を決める

③章やセクションのはじめと、各段落のはじめに目をつける

第2章

脳を最大限にエンゲージする「読むインプット」術

インプットは才能よりもやり方次第

入社して数年の山田ケイさん。自分の部署での仕事は一通りこなすことができるようになりました。ここからさらにもう一段階ステージを上げて、ガンガン業績を上げていきたいところ。

周りと差をつけるため、自分の仕事に直接関係する知識だけでなく、関連するマーケットや経済のマクロな動きについても知っておきたい。自分が関わる企画についても周りより素早く関連情報を頭に叩き込めるようになりたい。

そんな希望を持つ山田さんですが、必要な情報をインプットしようと思っても、目の前にあるのは大量の資料や参考文献、ウェブサイト。読むのはどちらかというと遅いほうなので、やる気だけではどうにもなりません。

これでは、逆に周りに置いていかれてしまうかもしれない。どうにか、高速で効果的なインプットができるようにならないものか。

いや、自分には読む才能がないからダメなのかと、ヘコみ気味の毎日が続いています。

情報のインプットの効率が人によって異なるのは間違いありません。

同じものを学んでいても、学校でも、職場でも、インプットが速い人もいれば、遅い人もいます。同じ時間内に同じ記事を読んでも、記憶の定着具合や理解度が全然違ったりします。

それだけに、山田さんの悩みは多くの人にとって同じように悩ましい課題です。

山田さんがヘコんでしまったように、インプットの効率やスピードの差を、生まれ持った才能や能力の違いと感じて意気消沈してしまうことだってあるかもしれません。

しかし、能力の限界と決め込んで、自分には無理だと嘆いているだけではあまりにももったいない。

なぜなら、**インプットの効率やスピードは、インプットのやり方に非常に大きく左右されるからです。**

「読むインプット」が思うようにいかないのは、自分の才能の問題ではなく、単に自分のインプットの方法が間違っているだけかもしれないのです。

もちろん、インプットがすでに上手な人であっても、より効果的なインプット方法を学べば、さらにクオリティーの高いインプットが可能になります。

この章では、第1章に引き続き、「読むインプット」にフォーカスして、誰にでも実践できる効果的なインプット法を解説していきます。

鍵になるのが「アクティブ・リーディング」と呼ばれる方法です。

「アクティブ」は「能動的」「積極的」という意味合いで、目の前の情報にエンゲージ（集中して取り組むこと）しながら、積極的な姿勢で読むことで、自分の目的に合ったクオリティーの高いインプットを実現することができます。

また、そのように読むことで、理解度や記憶の定着率がアップして、より良いインプットを実現することができます。

それでは、どのようにしたら「アクティブ」な「読むインプット」をすることができるのでしょうか。じっくりと見ていくことにしましょう。

誰でも身に覚えがある絶対やってはいけない読書法

手始めに、「読むインプット」が苦手な山田さんの仕事の様子をのぞいてみましょう。

午前中の業務も大詰め。山田さんはデスクの前にある分厚い書類の山に目を通さなくてはいけません。

自分の席についてすぐ大きく深呼吸。おもむろに、1ページ目から読み始めました。持っているペンで一行一行なぞりながら書類を読み進め、次々にページがめくられていきます。一定のペースでなかなか捗々《はかばか》しく作業が進んでいるようです。

ちなみに、ペンは持っていますが、途中で何か書き込むわけではありません。メモをとると字を追う流れが中断されるし、余計な時間がとられてしまうので、極力、書類から目を離さないように心がけているのだそう。

2時間ほどで一段落したのか、大きく伸びをして席を立ち、晴れ晴れした顔で同僚に声をかけて、楽しそうにランチに向かって行きました。

特に珍しいところもない、よくある「読むインプット」の現場のようです。誰にでも想像しやすいのではないでしょうか。

しかし、この山田さんのインプット現場の様子には、アクティブ・リーディングを意識する上で、絶対に避けるべき悪いインプット習慣が3つほど描かれています。

一体何がいけなかったのでしょうか？

次にリストアップしますが、ぜひいったん立ち止まって、3つの悪い習慣とは何かを考えてみてから、読み進めてみてください。

避けるべき「読むインプット」の危険

さあ、答え合わせです。

○**目次やタイトルなどのプレビューなしで読み始める**：席について深呼吸してから、すぐに書類の始めから読み始めてしまっています。これは良くありません。アクティブ・リーディングをするためには、書類を細かく読む前に、目次やタイトルに目を通し、全体の内容をざっくり理解しておく必要があります。

○**同じ速さで淡々と読む**：同じスピードでペンを動かす行為も避けるべきです。どんどん前に進んでいるようで、やっている気にはなるものの、「ふと気づいたら他のことを考えていた」なんていうこともしばしば。わかりにいくところで立ち止まったり、読み返したりするのを恐れてはいけません。また逆に、すでに知っている情報や簡単な部分は、飛ばし読みする勇気も必要です。さらに、線を引いたりメモをとったりするのもアクティブ・リーディングには欠かせません。

○読み終わったらそのまま：書類を読み終わったら、これまでの書類のことは忘れたかのように、ランチに行ってしまいました。読んだ後も「読むインプット」は続いています。読んだ後にしっかりとしたフォローアップをすることで、脳のエンゲージメント（活性化させて集中させること）を高めて、インプットのクオリティーを上げなくてはいけません。

以上のように、何気ない山田さんのインプット習慣は、まさに「アクティブ」の反対になってしまっていたのです。

読み進めている内容に自分の脳を十分にエンゲージできずに、ただ目に入ってくる文字を「受動的」に眺めている。そんな「パッシブ・リーディング」の典型となるインプットは、意識して避けなくてはいけません。

しかし、パッシブ・リーディングを気づかずに実践してしまっている人は、意外と少なくありません。

それどころか、受験勉強や仕事でたくさんの情報をインプットしなくてはいけないときには、誰もが陥りがちな、よくあるインプット習慣であるとさえ言えます。


では、よくあるパッシブ・リーディングをアクティブ・リーディングにするためには具体的にどんなことを実践していけばいいのでしょうか。

「読むインプット」を「読む前」「読みながら」「読んだ後」の3つのフェーズに分けて、それぞれの段階ですべきことをしっかりと押さえていきましょう。

読む前に勝負あり！　絶対にやるべきインプット習慣

やはり何事も準備が大切です。特に「読むインプット」では、全体の文章を読む前に勝負が決まってしまうと言っても過言ではありません。

「読むインプット」を始めるにあたって、まずすべきことは、自分が何のためにインプットしようとしているのかを明確に意識すること、つまり、【目的設定】です。

少し意外かもしれませんが、**同じ情報をインプットする場合でも、その目的によって、効果的なインプットの方法が変わってきます。**

例えば、政府の増税案についてのニュース記事があったとします。その日のメインニュースで、内容盛りだくさんです。

その記事を読むときに、「増税案の大筋をざっくり理解する」のが目的なのか、「増税案を批判するために材料を集めている」のかでは、その記事の読み方が変わってくるでしょう。

「大筋ざっくり」ならば、政府案のまとめを書いてある部分を重点的に読み、後の記事はサッと目を通すだけでいいのに対し、「批判」が目的ならば、政府案の詳細やその背景にある理由などを細かく読み込む必要があります。

インプットの目的によって、重点的に読むべき部分やかけるべき時間が大幅に変わってくるわけです。

そのため、「読むインプット」をする前に、インプットをする目的について改めて意識しましょう。

その上で、どのようなインプットをするべきかをイメージすることが大切です。次のような点について考えてみましょう。

・読みとるべき内容は何か
・どれほどの精度で読み込むべきか
・インプットした情報を何に使いたいのか

読み始める前にこうした点を意識するだけでも、目的にフォーカスすることができ、効果的なインプットにつながります。

【目的設定】は、ニュース記事のようなちょっとした「読むインプット」でも重要ですが、分厚い本やいくつもの資料を読み込まなくてはいけないときには、必要不可欠な習慣です。

こなすべき分量が少なければ、サクッと目的を意識して、どのような点を押さえるかくらいをイメージし、分量が多い場合は、事前にしっかりとインプットの戦略を立てるように習慣づけましょう。

最初に読むもの次第でインプットの質が激変する

よし、【目的設定】ができた。さっそく読み始めよう！

そういきたいところですが、読み始めにも大事なインプット戦略があります。シンプルに一行目から順番に読んでいくなんてもってのほかです。

まずは、**タイトルやサブタイトル、セクションごとの見出しを読んで、全体の内容を【プレビュー】しましょう。**

タイトルや見出しは、記事や本の内容を端的にまとめて表現しているので、それを読んでいけば、文章全体の内容や、どこに何が書かれているかを把握することができます。

そうすることで、【目的設定】に合わせた読み方の作戦を、より鮮明にイメージすることができるのです。

先ほどの例に戻ってみましょう。

ニュースを読んで、政府の増税案の大筋をざっくり理解したい場合。

「政府の増税案の大筋をざっくり理解したい」という【目的設定】をしたら、タイトルや見出しを読みながら、記事全体を見ていきます。

セクションごとの見出しをチェックしながら、「増税案の骨子」なんていう見出しがあれば、そこを重点的に読んで、残りの部分は「ざっくり飛ばし読みするくらいで済むかな」などと作戦を立てることができるでしょう。

記事なら見出しチェック、本なら目次を読んで、全体を【プレビュー】するのも、【目的設定】と並んで読む準備の大事な習慣の1つです。

メタ認知でインプットのクオリティーが大幅アップ

なるほど、【目的設定】や【プレビュー】が大切だというのはなんとなくわかった。でも、本当に効果的なインプットにつながるのだろうか？　科学的エビデンスはあるのか？

こうした視点は非常に重要です。なぜなら、昔から慣れ親しまれているような勉強法やインプット習慣でも、科学的に吟味してみると意外と効果がなかったり、逆に悪影響であったりすることがしばしばあるからです。

しかし、ご安心ください。**【目的設定】も【プレビュー】もしっかりとした科学的根拠に基づいています。**

キーワードは、「メタ認知」。近年、教育をはじめとするさまざまな分野で注目されているコンセプトです。少し詳しく解説していきます。

「認知」というのは、物事を見たり聞いたり、知っていたりすること。「メタ認知」というのは、物事に関する認知の一段上(「メタ」)のレベルの認知、つまり「認知の認知」です。

例えば、私は今スタンフォードにいますが、東京の天気がどうなっているのかを知りません。これは、私の東京の天気に関する認知です。さらに私は、自分が「東京の天気を知らない」ということも知っています。

これは、「知らない」という「認知」に関する「知っている」という認知なので、まさに「認知に関する認知」、メタ認知の一種と言えます。

この他にも、自分の得意・不得意の認識や、自己評価とそれに基づく目標設定なども、自分の知識や能力に関する認識に含まれるので、メタ認知に分類されます。

そんなメタ認知ですが、なぜ近年話題になっているのか。

それはズバリ、**メタ認知能力を上げることで、理解力や応用力がアップするなど、インプットを効果的にできる**ことが明らかになってきたからです。[24]

インプットの効果はさまざまな要因に左右されますが、才能や知性の関与の割合が10%なのに対し、メタ認知能力が関与する割合は17%という報告もされています。[25]

つまり、才能や能力を高めるよりも、メタ認知をアップしたほがおよそ2倍、インプットがお得だということになります。

読む前のちょっとした工夫が記憶力と集中力を上げる

そうしたメタ認知の重要性は、近年、脳科学的にも確認されています。

私たちが「幸せだなあ」「気持ちいいなあ」などと感じているとき、脳内の「報酬系」と呼ばれる部位が活性化され、ドーパミンが分泌されています。

ドーパミンは、脳の腹側被蓋野《ふくそくひがいや》から側坐核《そくざかく》を経て前頭前皮質《ぜんとうぜんひしつ》に分泌されていきます。これが脳に報酬を与えて人間のやる気やモチベーションを生み出す脳のメカニズムです。

そしてなんと、私たちが新しいことを学んだときにも、この「報酬系」の脳の部位が活性化されることがわかっています。[26] つまり、私たちの脳は、勉強やインプットを「快感」と感じるようにできているのです。

そう言われてみれば、確かに、わからなかったことが理解できたときや、難しいスキルをマスターできたときには、嬉しくなったり、スカッとしたりします。その感覚は、実は幸福感や快感と同じところから来ているわけです。

その感覚のもとになっているドーパミンという物質は、**幸福感や満足感だけでなく、インプットするときの集中力と記憶力もアップさせる**ことがわかっています。[27]

脳の「報酬系」と呼ばれる部位

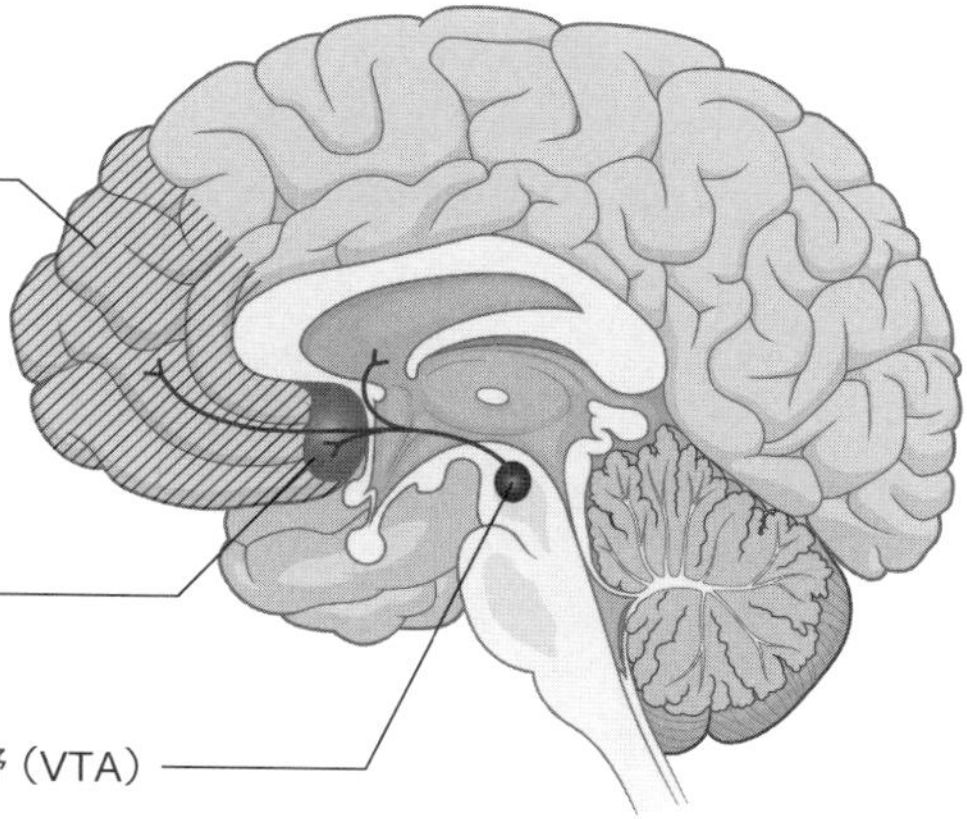

脳はインプットを「快感」と感じる

それだけではありません。何かをインプットしたときだけでなく、新しい情報がインプットできると期待するだけでも、ドーパミンが分泌されることがわかっています。[28]

そのため、インプット前にどんな新しい情報をインプットすることができるかを意識しておくことが重要です。

それはまさに、自分が知らないものを知っておく、つまり、メタ認知をすることにつながるのです。

「読むインプット」をする前に【目的設定】や【プレビュー】が大事なのは、まさにメタ認知のドーパミンで集中力と記憶力がアップした脳内環境をつくることができるからです。

・【目的設定】で自分が知るべき理由を再認識して、【プレビュー】でどこに何が書いてあるかを把握する
←
・今からインプットする情報への期待が高まり、ドーパミンを分泌する脳内環境が整う
←

・「読むインプット」のスタート

少し時間を割いてでも、【目的設定】や【プレビュー】をするべきなのは、このように
その効果が脳科学的にも裏付けられているからです。

自分をモニタリングする

さて、ここまで「読むインプット」を始める前の準備についてお話ししてきましたが、
次に、読みながら実践するインプット法について解説していきます。

１つ目が、**自分をモニタリングしていく**こと。インプットをしながら、自分の脳の活動具合をモニタリングしているような感覚を持つことが大事です。

少しわかりにくいかもしれないので、読書が苦手な山田さんのインプットをもう一度振り返ってみましょう。

山田さんは、「読むインプット」を始めてから2時間にわたり、淡々と同じペースで「読むインプット」を続けていました。

ペンで字面をなぞっていくやり方で、周りから見る分にはサクサク読んでいるように見えますが、実際は目から入ってくる文字情報を受動的に追うだけのパッシブ・リーディングになってしまっていました。

そうなってしまうと、集中しているようでいて、ふと、「昼ごはんは何を食べようか」なんて、違うことを考えたりさえしてしまいます。

つい気が散って、パッシブな読書になってしまいがちなときに試してもらいたいトレーニングが【リマインド・タイマー】です。

やり方は簡単。「読むインプット」をするときに、携帯電話などで、5～10分ごとにタイマー音が鳴るようセットします。その上で「読むインプット」をしていく方法です。「ピン！」とタイマー音が鳴るたびに、自分がしっかりと集中していることを確認しましょう。

集中がうまくできる人には、うるさいだけなのでおすすめできませんが、一方で、つい気が散ってパッシブな読書になってしまいがちだという人には、自分の集中力を鍛える方法の入門編としておすすめです。

また、集中が上手か下手かにかかわらず、休憩をこまめに入れることは脳のエンゲージメントを維持するのに重要です。

個人差はありますが、30分〜1時間ほどを目安に、5〜10分の休憩をとりましょう。

これは、料理用のトマト型のタイマーにちなんで「ポモドーロ[29]」と呼ばれる学習法でこれまでも推奨されてきました[30]。

そうした【こまめ休憩】型のインプットは、学習習慣や能力に合わせて、もう少し長いサイクルで行ってもいいでしょう。

ちなみに、アメリカのあるＩＴ会社による調査では、成績上位の「やり手会社員」の仕事パターンを分析した結果、集中力を効果的に発揮するのは、「52分働いて17分休憩」というサイクルでした[31]。

また、休憩の仕方も肝心です。科学的にも良いとされる休憩方法を4つ紹介します。

○【体を動かす】運動は、脳にとって最高の「栄養剤」です。1日30分ほど軽く汗を流すなど、週2~3回、定期的にまとまった運動をすることで、脳が活性化します。[32] 短い休憩時間に、5分ほどオフィス周りを歩くなどでも効果があります。[33]

○【雑談】同僚や友人など気心の知れた仲間との雑談でリラックス&リフレッシュするのも良いです。[34] 効果的に、勉強や仕事からいったんフォーカスを外すことができます。

○【自然を見る】自然に触れることで仕事からいったん意識をそらすことができ、集中力が回復します。室内の植物や窓の外を眺めるだけでも違いが出ます。[35]

○【エンタメ鑑賞】テレビやスマートフォンで映像を見るのも効果的です。[36] 人間の脳は環境の変化を察知できるように進化しており、目新しいものを見ると活性化されます。[37] 動きがあるものや目をひくような映像がより効果的です。

この中で自分に合うものがあれば、休憩時間に試してみてください。

ちなみに、昼寝やおやつの効果についても、さまざまな研究が積み重ねられてきました。

昼寝やおやつは、ある程度の休憩効果が見られるものの、昼寝は長すぎては夜寝られなくなってしまいますし、[38] おやつもカロリーや栄養に気をつけないと逆効果になってしまいます。[39] 気をつけましょう。

また、山田さんのように淡々と同じ速度で「読むインプット」を続けてはいけません。第1章で効果的な「つまみ読み」の方法について解説したように、自分が新しい情報を得ているかをしっかりモニタリングしましょう。

内容を十分に理解したと感じるのであれば、素早く読み飛ばして次に移ってください。逆に、難しく感じたり、わからなかったりするような箇所には時間をかける必要があります。

インプットの感覚をモニタリングしながら、読む速さを【スピード調整】するのが、効果的なインプットのもう1つのコツです。

手書きメモは脳のエンゲージメントを高める

山田さんはペンで字をなぞりながら読んでいましたが、字をなぞるためだけにペンを使うのは実にもったいない。ぜひ積極的にメモをとって、脳のエンゲージメントを高めるように心がけましょう。

メモの最大の効用は、インプットした内容を自分の脳でプロセスする（思い出したり考えたりする）ことです。決して、後で見返しやすいように記録を残すことではありません。

特に現代においては、文字情報はすでにデジタル化されて記憶されており、音声も録音や文字起こしが簡単にできます。要約やキーワードだって、ＣｈａｔＧＰＴなどの生成ＡＩツールなどを使えば、後ですぐにチェックすることができるでしょう。

そのため、大事な点やまとめを記録することが目的であるならば、手書きメモは最も効率の良い方法とは言えないかもしれません。

「読むインプット」が苦手な山田さんも、「メモをとると、字を追う流れが中断されるし、余計な時間がとられてしまう」と考えていたので、ペンは文字を追う視線のアシストだけに使っていました。

しかし、いろいろと便利なツールがある中で記録の目的が薄れてきた現代でも、「読むインプット」をするときは、時間を割いてでもメモをとるようにしましょう。

なぜなら、手書きのメモをとることは、今読んでインプットした内容を、自分の頭の中で思い返すことにつながるからです。

思い返して、手を動かし、あれこれと考えてみたりすることで、脳がエンゲージされて理解が深まったり、記憶に定着しやすくなったりするのです。

まさに、**メモは記録ではなく、記憶のためにとるもの**だと言っても過言ではありません。

ただ、何でもかんでもペンを使えば脳のエンゲージメントが高まるというわけではないので注意しましょう。

重要な箇所に線を引いたり、ハイライトしたりするのは、後で見返しやすくする効果はありますが、脳のエンゲージメントを高める効果は低いです。[40]

だからこそ必ず、線やハイライトを引いたところに、手書きのメモを添えるよう心がけましょう。

メモをとるときは、次の３つのどれかを意識します。

○【キーワード定義】重要なコンセプトや鍵となる言葉に線を引いて、その定義や説明を自分の言葉でメモしましょう。

○**【自分の考え】**関連する箇所に対する自分の考えをメモしましょう。賛成か反対か、また、その理由をメモします。他の箇所とのつながりなど何でもいいです。

○**【疑問】**わからないところや、読んでみて湧いてきた疑問を文章にしてメモしておきましょう。

これらを行うことで、インプットした内容がしっかり脳に定着しやすくなります。

急がば回れの読書術！　読み続けずに立ち止まるべき理由

さて、手書きでメモをとるというように、**インプットの流れをいったん遮断することで、逆にインプットのクオリティーを上げることができます。このことをしっかりと認識しておくのが肝心です。**

たくさんの情報を目の前にしてインプットがサクサク進んでいるときは、どんどん前に進みたくなって、次から次に情報をインプットし続けたくなってしまいますが、ときどき読むのをやめて、読んでいる内容に対して脳のエンゲージメントをさらに高めることが必要です。

メモをとるのもまさにこれに当たるわけですが、他にもおすすめの方法があります。

一番シンプルなのが、読むのをやめた上で、そこまでの内容を思い出したり、自分のインプットの目的や持っている疑問を意識し直したりするというもの。その後に、インプットを再開していきます。

読んで止まって、また読んで止まる。まさに【ストップ&ゴー】。こうした習慣を身につけると、脳がインプットしている内容によりエンゲージして、非常に効果的な「読むインプット」を生み出すことができます。

それでは、この【ストップ&ゴー】のやり方を詳しくまとめておきましょう。

①まず、１段落、１ページ、１セクションなど、読んでいる材料やその難易度などに応じて、「ストップ」する頻度を決めます。内容が難しかったり情報量が多かったりする場合は、ストップする回数をより頻繁に、そうでない場合は、少なめに設定します。

②ストップするたびに、前回ストップした箇所から今読んだ箇所までの内容を思い返します。重要なキーワードの定義を頭の中で思い出したり、全体の内容をまとめたりしてみます。

【ストップ&ゴー】では、そうした思い返しやまとめの作業を、頭の中だけで行うのが重要です。該当する箇所をいきなり読み返してしまっては、脳のエンゲージメント効果は上がりません。

テキストに頼らずに頭だけで思い出すために、「ストップ」したら目を閉じましょう。【目を閉じて思い出す】ことで、テキストに頼らないで考えることができます。

【ストップ&ゴー】のストップのときに、インプットの目的を思い出して、今読んだ内容を振り返る【目的メガネ】の読書法も効果的です。

例えば、前述の政府の増税案に関する一面記事のケースに戻って考えてみましょう。

インプットの目的が「政府の増税案の根拠を理解する」の場合。

それを認識した上で、記事を読んでいきます。少し読んでストップしたら、「増税案の根拠は何か」というテーマを踏まえて、そこまでインプットした内容の中に関連したことがあったかを思い返します。

そうすることで、自分が関心のある内容にフォーカスを当てながら、読み進めていくことができます。

また、読んだ部分に対してテーマをもとに問いかけるので、脳のエンゲージメントも上がります。

「うーん、なんだっけ？」のアフターケア

脳をエンゲージしながら「読むインプット」を続けて今日の作業は終了！　といきたいところですが、すぐに終わりにせずに、5分ほどでいいので、インプット後のアフターケアをしておきましょう。

鍵になるのが、読んできた内容を全体的に思い返しながら、脳をエンゲージし直しておくこと。インプットした内容を「うーん、なんだっけ？」と思い返すような習慣をつけると、インプットのクオリティーが格段に上がります。

やり方はいろいろありますが、次のようなアフターケアが効果的です。

○【キーワードテスト】メモでとっておいたキーワードを振り返って、定義や説明を思い出しましょう。

○【アウトライン】インプットした内容の全体像を箇条書きでまとめましょう。本の目次のように、それぞれの内容や詳細を、見出し、小見出しなどを使って箇条書きにして全体を把握します。

○【まとめ】インプットした内容のまとめを書いてみましょう。簡単なもので構いません。自分のインプットの目的に対して、どんな収穫があったのかを箇条書きにしてみます。

○【Q&A】プロジェクトや勉強などで他にも同じ内容を読んでいる人がいれば、お互いに説明したり質問したりしてみましょう。効果大のアフターケアです。

もちろん、「うーん、なんだっけ?」とアフターケアをしてみて思い出せない場合は、インプットした書籍や資料に戻って、改めて内容を確認しましょう。

しかし、すぐに戻るのはダメです。例えば、【キーワードテスト】なら、キーワードの定義や説明に残したメモや該当する箇所を読み直すのではなく、まずは自分の頭だけで「うーん、なんだっけ?」と考えることが重要です。

【アウトライン】や【まとめ】も、読んだ資料の見出しを書き写していくのではなく、まずは「うーん、なんだっけ?」と考えてみます。

その結果、「うん、思い出せない」となったのなら、そこで初めて資料に戻って確認します。

【Q&A】も、資料に目を通しながらではなく、まずは「うーん、なんだっけ?」と考えながら、質問したり答えたりして、どうしても確認が必要になった場合に資料に戻るようにしましょう。

このように、「うーん、なんだっけ?」とまず考えてから、確認が必要になった場合にだけ資料に戻る必要があるのは、「うーん、なんだっけ?」がまさに脳の質の高いエンゲージメントを生み出すからです。

いかに「うーん、なんだっけ?」を入れられるかが脳のエンゲージメントの物差しになるので、面倒くさがらずに「読みながら」や「読んだ後」にふんだんに取り入れていくようにしてください。

アメリカで話題の「アクティブ・リーディング」

それでは、これまで説明してきたアクティブ・リーディングのコツを箇条書きにして、まとめておきましょう。

↓読む前

○【目的設定】インプットの目的を明確に設定する

○【プレビュー】読む前に目次や見出しを読んで全体を把握する

↓読みながら

○【自分モニタリング】自分の脳のエンゲージメントをチェックする

・【リマインド・タイマー】5～10分ごとにタイマーを鳴らして集中力をチェックする

・【こまめ休憩】ポモドーロや「52分働いて17分休憩」などを参考にこまめに休憩する

・【スピード調整】自分の理解度や興味を意識しながら読むスピードを調整する

○【手書きメモ】手書きで考えをメモして脳のエンゲージメントを高める

・【キーワード定義】重要なコンセプトや鍵となる言葉の定義や説明をメモする
・【自分の考え】賛成、反対、理由、他の箇所との関連性などをメモする
・【疑問】わからないところや読んでみて湧いてきた疑問をメモする
○【ストップ&ゴー】途中で読むのをやめて内容や目的を振り返る
・【目を閉じて思い出す】目を閉じて、それまで読んだ内容を頭の中で振り返る
・【目的メガネ】自分の目的やテーマを踏まえて、インプットした内容を振り返る

↓読んだ後

○【キーワードテスト】キーワードの定義や説明を思い出してみる
○【アウトライン】箇条書きで全体の目次をつくってみる
○【まとめ】読んだ内容から自分の目的への収穫を箇条書きでメモする
○【Q&A】周りの人に説明したり質問したりする

たくさんあるので、全部一気にやろうとするのは禁物です。いくつかやりやすいものから始めましょう。

これまで【目的設定】と【プレビュー】をしていなかった人は、まずはこれらから始め

てください。それだけで、だいぶインプットの質が変わってくることでしょう。

同様に、読んだ後の【キーワードテスト】や【アウトライン】は、シンプルですぐにでも始められます。

読んでいる間の習慣も、【キーワード定義】などの【手書きメモ】がシンプルで始めやすいでしょう。

すでに実践していて、物足りない人は【ストップ&ゴー】の【目を閉じて思い出す】や【目的メガネ】なども取り入れましょう。

ついぼーっとしてしまいがちな人には、【リマインド・タイマー】がおすすめですし、【こまめ休憩】は誰もがやるべきマストな習慣です。【スピード調整】は慣れてきてからがいいでしょう。

ここまで解説してきた「アクティブ・リーディング」の手法は、アメリカでも注目されていて、学校や仕事の現場で取り入れられています。

ぜひ、自分の「読むインプット」を改善するために実践してみてください。よりクオリティーの高いインプットが叶うはずです。

さて、ここまで「読むインプット」について、じっくり解説してきました。

効果的な「つまみ読み」や「アクティブ・リーディング」など、コツをつかんで、ぜひクオリティーの高い「読むインプット」習慣を実践していただきたいのですが、それだけでは十分ではありません。

なぜなら、私たちの日常には「読む」以外のインプットが必要だからです。

聞いたり見たりするインプットはどうなのか？

文字情報を超えた、ビジュアルやオーディオが飛び交う現代社会で、必要な情報をうまくインプットするスキルを、次の章で解説していきます。

第2章 まとめ

POINT

☑「読むインプット」時の避けるべき習慣
①目次やタイトルなどのプレビューなしで読み始める
②同じ速さで淡々と読む
③読み終わったらそのまま

☑ アクティブ・リーディングが鍵！

アクティブ・リーディングのコツ

①「読む前」

—目的設定：インプットの目的を設定する
—プレビュー：読む前に目次や見出しを読む

②「読みながら」

—自分モニタリング
・リマインドタイマー：タイマーをかけて集中力をチェックする
・こまめ休憩：こまめに休憩する
・スピード調整：理解度などを意識して読むスピードを調整する

—手書きメモ
・キーワード定義：重要なキーワードの定義や説明をメモする
・自分の考え：賛成、反対、理由などをメモする
・疑問：疑問点をメモする

—ストップ&ゴー
・目を閉じて思い出す：目を閉じて内容を振り返る
・目的メガネ：インプットの目的を踏まえて内容を振り返る

③「読んだ後」

—キーワードテスト：キーワードの定義や説明を思い出す
—アウトライン：箇条書きで全体の目次をつくる
—まとめ：目的への収穫を箇条書きでメモする
—Q&A：周りの人に説明や質問をする

第3章

現代を生き抜く力！マルチメディアでの学習法

読むvs見るvs聞く！ どのインプットが一番効果的か

今の世の中、現在の仕事に甘んじないで、自分自身のスキルをしっかり身につけておかなければと、周りにも影響されて資格試験の勉強を始めた。

ただ、仕事もあるし、日々の生活もあるし、テキストや参考書に向かってもなかなか捗らない。むしろ、ＹｏｕＴｕｂｅ動画を見たり、ポッドキャストを聞いたりしたほうが、頭にすんなり入ってくる気がする。

読むばかりがインプットのやり方ではないはず。ましてや今の時代は、音声や動画をうまく使った教材もいっぱいある。

インプットは、「読むインプット」でなくてはいけないのだろうか？


これは大変ごもっともなお悩みです。情報社会の現代、知りたいことがあれば、誰もがまずはインターネットで調べます。検索エンジンももう古い。調べものはソーシャルメディアからスタートという人たちも急増しています。

見つかる情報源は、文字ベースの「ネット記事」だけではなく、ＹｏｕＴｕｂｅなどの動画であったり、ポッドキャストなどの音声コンテンツであったりもします。

自分の知りたいことを、読むのか、見るのか、聞くのか。一番効果的なインプットの方法はどれなのか？

また逆に、いろいろなインプット法があるからこそ、どの方法でも効果を出していくためにはどうしたらいいのか？

この章では、マルチメディア化するインプットの現状に目を向けて、音声コンテンツや動画コンテンツのインプットについて考えていきます。

前の章の「読むインプット」から、「聞くインプット」と「見るインプット」にフォーカスを移していきましょう。

読むのが速い人は聞くのも速いポテンシャルがある

まず、「読む」と「聞く」の比較です。

言うまでもなく、「読む」は目から、「聞く」は耳から、言語情報をインプットしていきます。そのように情報を取り込む体の部位が違うのと呼応して、私たちが見ているときと聞いているときとで、脳は違う部分を使っています。[41]

左ページのイラストのグレーの部分が「読む」で、斜線の部分が「聞く」で活性化する部分です。それぞれのインプットで活性化されている脳の部位が違うのが表されています。

そうした違いと同時に、「読む」と「聞く」の両方のインプットで共通して活性化している脳の部位があることもわかります。イラストの黒い部分です。

特に四角い枠で囲まれている箇所は「ブローカ野《や》」と呼ばれる言語認識に関する脳の部位を含み、「読む」「聞く」と、言語情報が入ってくる経路が違っても、言語認識のメカニズムは共通していることがわかります。

これは、インプットの実践において重要な情報です。

読むのが得意な人は聞くのも得意、その逆もまたしかりです。なぜなら、「読む」も「聞く」も、共通の言語認識の部位を使うので、その部位が発達していれば、どちらのインプットでも効率が良くなるからです。

やはり、インプットの基礎の「き」になるのは、言語能力であることは否定し難い事実です。

言語能力が高い人は「読む」も「聞く」もインプットの効率が良くなりがちなのです。

「読む」「聞く」でのインプット時の脳の活性化部位

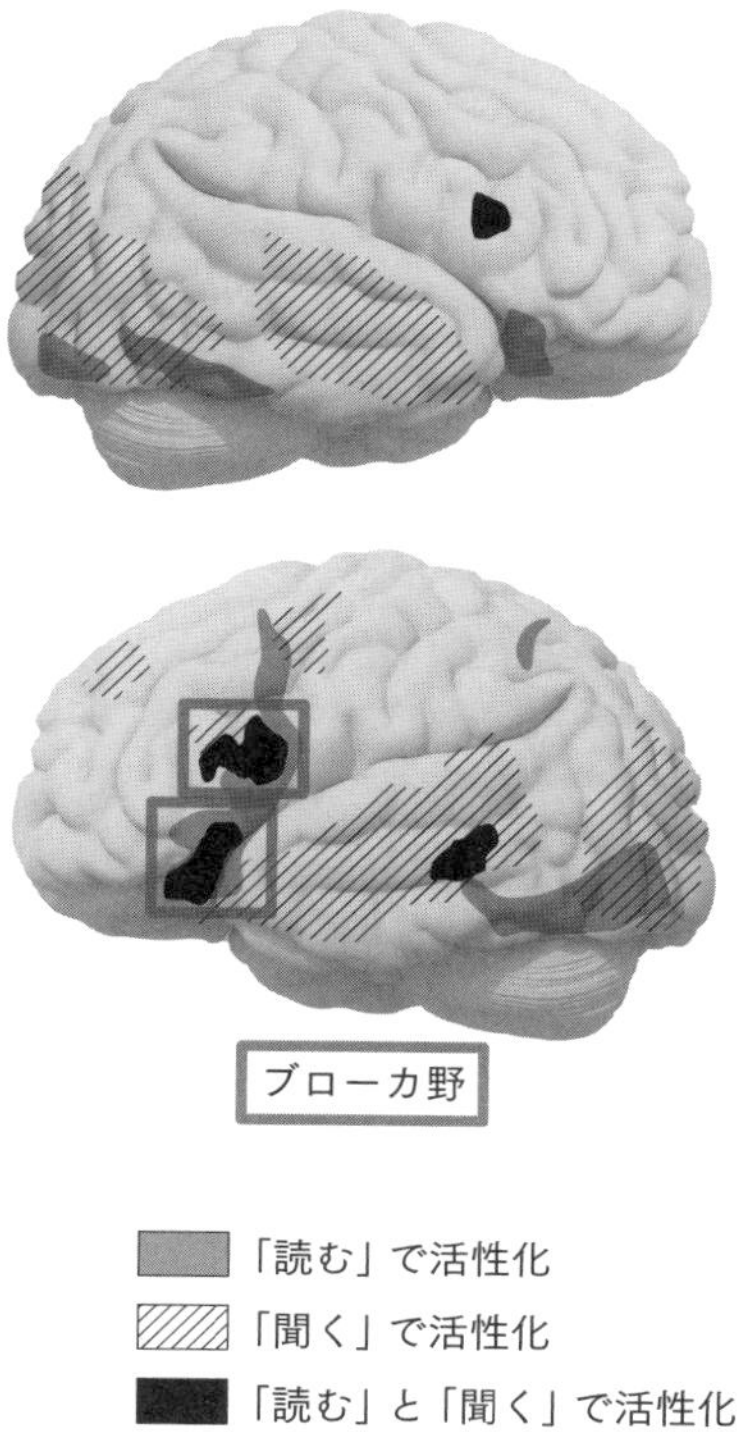

「読む」「聞く」と情報を処理するメカニズムが違っても
言語認識のメカニズムは共通している

しかしその一方で、「読む」と「聞く」とでは、脳の違う部分が使われているのも事実です。そのため、「読む」と「聞く」とで人によって得手・不得手が出うるのです。

例えば、**注意力が高い人は「聞くインプット」に秀でている**ということがわかっています。[42]「読むインプット」と違い、音はすぐに消えてしまうので、注意深く聞いておく必要性があるからだと推測されています。

脳にちょうどいい速聴の速度は?

それでは、言語能力の高い人は、「読む」と「聞く」のどちらのインプットでも良く、やりやすいほうがあれば、そのインプットの方法を選べばいいということでしょうか?

残念ながら必ずしもそうとは言えません。インプットでもう1つ鍵となるものがあります。それは、スピードです。

これまでの研究で、平均的な「読むインプット」の速さは、「聞くインプット」の速さよりも2倍速いことが明らかになってきています。[43]

これは通常、私たちが話す速さが、読む速さに比べて著しく制限されているからです。

例えば、本を通常の速さで1ページ朗読する間に、黙読であれば2ページ読み進めることが可能だということになります。

いかに「読むインプット」がスピードの点で優っているのかがわかります。それだけに、「読むインプット」をマスターすることが、効果的なインプットにおいてはとても重要なのです。

インプットがテーマのこの本で、最初の2章分を費やして「読むインプット」を解説してきたのにも、そうした理由があります。

しかし、だからといって「聞くインプット」が「読むインプット」より、必ず遅くなってしまうわけではありません。特に今は、スマートフォンやコンピューターで早送りして「聞く」スピードを調整することができるからです。

では、インプットの質を下げずに音声をスピードアップする場合、通常どれくらいまでスピードを上げてもいいのか？

黙読で2ページ読める脳のキャパシティがあるのに、聞いているときはその半分しか進まないのだとすれば、言語の理解力のキャパシティは残っているはず。例えば、2倍速までは理解度を落とさずに速聴できるのではないか？

この問いは、長きにわたり研究されてきました。[44]

インプットする内容の難易度や個人差にもよりますが、これまでの研究を総合してみると、およそ1・8倍速ぐらいまでが限界ではないかというところです。

特に勉強などで、新しい内容をインプットするような場合には、1・5倍速ほどでも理解度が下がってしまいます。[45]

その一方で、1・4倍速ほどまでであれば、理解度を下げることなく聞くことができ、さらに、通常の速さで聞くよりも心地良く聞くことができるようです。[46]

理解が進んでいるのに通常の速さだと、その遅さにストレスがかかってしまうこともあり、適度な速さにすることで、そうしたストレスも避けることができます。

デジタル環境で理解度を下げずに「聞くインプット」をするためには、1・5倍以上の速度は避けるようにしたほうが賢明です。

YouTube動画でインプットすべき科学的理由

もう1つ、デジタルでのインプットに欠かせないのが、マルチメディアの環境です。

インプットしようとする事柄について、文字だけでなく、ナレーション付きのイラストやアニメーションでわかりやすく解説されているものは数多くあります。

今やYouTube動画は、エンタメのためだけなく、学習やインプットのツールとしても老若男女に幅広く使われています。

この「聞く」と「見る」を総合したマルチメディアのインプットは、「聞く」だけのインプットよりも効果が高いことが科学的にも確認されてきています。[47]

その効果について、脳科学的な視点から少し説明しておきましょう。

私たちの脳の主要機能に「ワーキングメモリー」というものがあります。

長期や短期の記憶を現在の意識にホールドして整理したり組み合わせたりして、何らかの「コマンド」を意識の中で実行する働きのことです。[48]

例えば、頭の中で「45+37」などの計算ができるのも、このワーキングメモリーが働いて、意識した数字に足し算を実行できるおかげです。

このワーキングメモリーは、どんな人でも容量が限られていて、最近の研究では、3つから5つくらい[49]のものを意識にホールドするのが限界だとされています。

そのため、**効果的なインプットには、ワーキングメモリーの容量をうまく使うことが大切です。**

そこで効果的なのが、入ってくる情報を「聞く」「見る」など、いわば、違った「チャンネル」からのインプットに分散させることです。

話を聞くだけで理解しようとしても複雑でお手上げだったのに、図解を使ってくれた瞬間、わかりやすくて理解できた。そんな体験は、誰しもがあるはずです。

左ページのイラストをご覧ください。

例えば、チェスのナイトの動きについて、「前か後ろに2マス移動した後、右か左に1マス、または右か左に2マス移動した後、前か後ろに1マス移動できます」と耳で聞くだけではなかなか理解しにくいところ、イラストのようにナイトの動きの例を目で見ながら聞けば簡単に理解できます。

この現象は、「聞く」だけで情報をインプットしようとするとワーキングメモリーがパンクしてしまうものの、「見る」も使ってインプットをすると、情報処理の負荷が「聞く」と「見る」とに分散できて、ワーキングメモリーをより効率的に使うことができるということを示しています。

つまり、「読む」「聞く」「見る」のどれが一番効果的かということよりも、どのようにそれらをミックスした形でインプットできるかが重要なのです。

チェスのナイトの動き

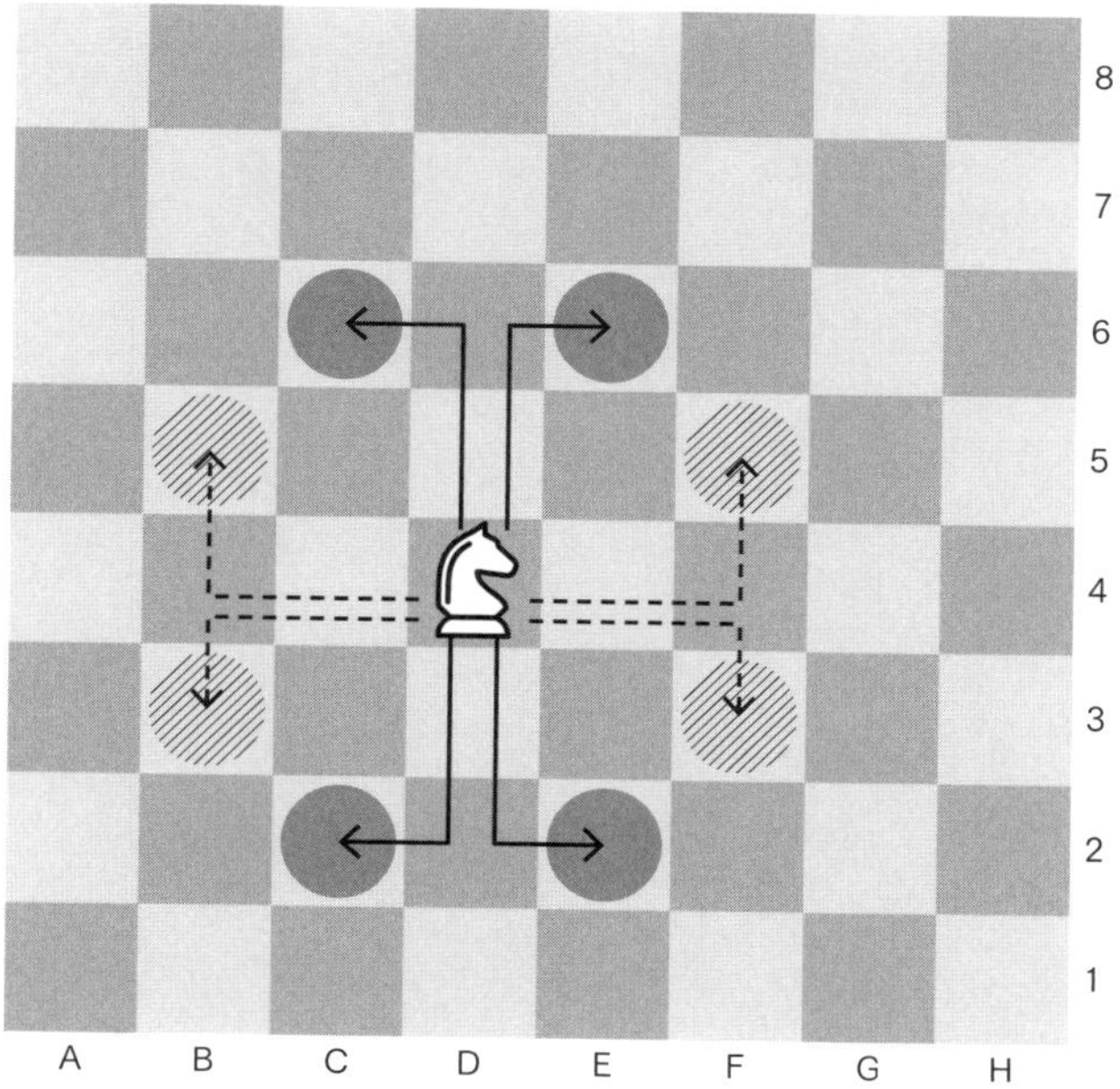

ナイトは、
前か後ろに２マス移動した後、右か左に１マス、
または
右か左に２マス移動した後、前か後ろに１マス
移動できます。

下の説明を耳で聞くだけよりも、
上の図を目で見ながら聞いたほうがわかりやすい

ワーキングメモリーへの負荷を分散して効果的にインプットするために、スマートフォンやコンピューターなどのマルチメディア環境で、ベストミックスのインプットを実現していきましょう。

字幕はインプットの敵⁉

しかし、マルチメディアなら何でも効果的だというわけではありません。YouTube動画にも、インプットに効果的なものとそうでないものがあります。

例えば、**動画の「字幕」には要注意です。**

これは少し意外かもしれません。字幕があることで、「聞く」に「読む」が追加され、耳で聞いたことを文字で再確認できるので、なんだかインプットの効果が上がりそうな感じもします。

実際、動画の重要ポイントやキーワードなどが、文字として表示されているような場合には、インプットの効果が上がることが確認されています。[50]

しかし一方で、ナレーションを全て文字に起こした字幕は逆効果になってしまいます。[51]

なぜなら、音声からの情報にプラスして字幕を出すことで、動画から発信される情報量が増えすぎて、私たちのワーキングメモリーがパンクしてしまうからです。

つまり、字幕をつけると、必要ない部分の情報も文字情報として動画に出てきてしまい、それにワーキングメモリーの容量を無駄にとられてしまうので、うまく集中できずに理解度そのものが落ちる傾向があるのです。

映画の字幕に気をとられ、登場人物の表情を見逃したり、その場の雰囲気が理解できなかったりするというのも、似たような理由からだと考えることができます。

新しいことをインプットするときは、字幕をＯＮにして情報量を無駄に増やしてしまわないように気をつけましょう。

インプットにリアル画像はいらない

ワーキングメモリーに無駄な負荷をかけてしまいかねないのは、字幕だけではありません。

例えば、学習動画に内容とは無関係なかわいいキャラクターなどが使われていることもありますが、これも逆効果です。関係ないキャラクターにワーキングメモリーが使われてしまって、理解度が落ちてしまいかねないからです。

また、内容と関連していることであっても、インプットの妨げになることがあります。例えば、カブトムシの生態を学ぶためにYouTube動画でインプットしようとしたとしましょう。

芋虫が蛹《さなぎ》になって成虫になる「変態」のプロセスが、音声で説明され、それと同時に、ものすごくリアルな8Kで撮ったカブトムシのドアップ映像が流れるとします。

そんな動画であれば、カブトムシのリアルな映像でイメージが湧きやすくなり、学習効果が上がるように感じますが、しかし実は、これも逆効果なのです。

カブトムシのリアルな映像よりも、図式化したシンプルな画像を使うほうが、学習効果が高い、という研究結果があります[52]。

図式化したシンプルな画像は、インプットすべき詳細に焦点を当てて、その説明に重要な点だけを抜き出しています。

一方、実際のカブトムシ自体の8K映像では、「すごくきれいで、いい色で強そうだな」

など、そのリアルさに圧倒されて、ワーキングメモリーの無駄遣いにつながってしまいかねません。

つまり、インプットすべき内容と関係がないディテールが目に入ってしまい、大事なことが記憶に残らなくなってしまうのです。

内容と無関係なキャラクターや、無駄にリアルすぎる動画は、効果的なインプットを目指す上ではなるべく避けるのが賢明です。

インプットしたい内容に関する動画を選ぶときに、参考にしていただけたらと思います。

スクショはやめたほうがいい

さて、もう1つ、マルチメディアを使ったインプットについて気をつけるべきことをお話ししておきましょう。メモをとる習慣についてです。

「スクリーンショット」（スクショ）や「ＣｈａｔＧＰＴ」が使える今の時代、メモをとることは不要になってしまったような気もします。

オンライン動画やオンラインイベントでは、気になった重要点をスクショで「カシャ！」。

メモをとる十分な時間もないし、記録ならば写真が一番間違いない。さらに、ＹｏｕＴｕｂｅ動画やオンラインの記事などでも、ＣｈａｔＧＰＴなどの生成ＡＩツールを使えば、一瞬で要約が出せます。それらを画像として残しておけば、内容のまとめを簡単に記録しておくことができます。

【スクショ記録】も【ＧＰＴ要約】も、学んだ内容を後から見直したり復習したりするのに、非常に正確で効率的な記録法であると言えるでしょう。

しかし、情報の「インプット」という目的からすると、十分な注意が必要です。

【スクショ記録】も【GPT要約】も、それだけでは効果的なインプットにつながるどころか、インプットの質を下げてしまいかねないのです。

これらは、どう活用するかが大変重要です。

詳しく解説していきます。

まず、「グーグル効果」（Google effect）を押さえておきましょう。

何かを「ググって」調べたとき、その内容はいつでもまた「ググれる」。そう思ってしまうと、調べたものを記憶しようとする気持ちがなくなってしまい、結果としてせっかく調べたことが記憶に定着しません。

こうした現象は「グーグル効果」と呼ばれてきました。「グーグルでいつでも調べられるからいいや」と思って記憶に留まりにくくなるというわけです。

同様に、「完全にスクショで記録した」「GPTでいつでも手軽に内容を見返すことができる」と思うことで、学んだ内容を記憶するモチベーションが下がってしまう可能性があります。

【スクショ記録】や【GPT要約】の「グーグル効果」には、十分な注意が必要です。

より根本的には、【スクショ記録】や【GPT要約】は、注意して使わないと、インプットする内容に対する脳のエンゲージメントを奪ってしまいかねません。

しっかりと理解して記憶に留めておくためには、インプットする内容を自分の脳で咀嚼《そしゃく》することが必要であるのに、ワンクリックで情報が記録されてしまうと頭を使う必要がありません。

一方で、メモやノートをとることは、記録を残しておくこと以上に、学んだ内容をしっかりと頭に入れて脳を動かす働きがあり、効果的なインプットには欠かすことができないのです。

にもかかわらず、【スクショ記録】や【GPT要約】をすると、つい安心してしまい、メモやノートをとらないことがしばしばあります。

そのことで、私たちは自分の脳のゴールデンタイムを逸してしまっています。

もちろん、【スクショ記録】や【GPT要約】を、記録用に使うこと自体は全く悪いことではありません。

例えば、後々になって一度インプットした情報にアクセスしたいとき、スクショや要約がデジタルに残っていれば、簡単に検索できたりもするでしょう。膨大な関連情報の中から、全て人力で目を通して探すのは骨が折れます。

しかし、【スクショ記録】や【GPT要約】を使った場合や、もともと録画や写真などで学んだ内容の記録がある場合でも、脳をエンゲージする手軽な方法としてノートをとる習慣は併用するほうがいいでしょう。

動画を見る前にできる記憶力アップ法

【GPT要約】は、**動画を見た後のための記録として使わずに、動画を見る前の【プレ**

ビュー】のために使うと、インプットのクオリティーを向上させることができます。

第2章で、「読むインプット」の前に目次や見出しなどを【プレビュー】しておくと、メタ認知がアップしてインプットのクオリティーが上がるということを解説しました。

同様に【GPT要約】で動画全体の内容をざっくりと把握することは、「読むインプット」の【プレビュー】と同様の効果が得られます。

また、自分がインプットしたい内容のYouTube動画を探す場合にも有効です。

現在では動画を視聴することなく、動画の内容をまとめてくれる生成AIのツールなども登場しています。

そうしたツールを使えば、動画のタイトルやサムネイルからだけでは内容がわからなかった場合でも、自分の探している動画の内容を素早く把握できます。

そのため、大事な時間を費やして見るに値する動画なのかを見極めるツールとしても、【GPT要約】を活用することができるのです。こちらについては第6章でじっくり解説していきます。

以上、【GPT要約】という同じインプットの方法ですが、動画を見始める前に使うか、見た後に使うかで、効果に大きな差が出てきます。

【GPT要約】は脳のエンゲージメントでインプットの質を上げる目的ならば、動画を見始める前に使うのが賢明です。

動画視聴時の正しいメモのとり方

それでは手書きのメモに話を戻しましょう。動画を見ているときに、どのようにメモをとるのが効果的なのか。

まず、第2章で解説した、読書中のメモのとり方についておさらいしましょう。

次のような点を意識してメモをとるのが効果的だとお話ししました。

○**【キーワード定義】**重要なコンセプトや鍵となる言葉に線を引いて、その定義や説明を自分の言葉でメモしましょう。

○**【自分の考え】**関連する箇所に対する自分の考えをメモしましょう。賛成か反対か、またその理由をメモします。他の箇所とのつながりなど何でもいいです。

○**【疑問】**わからないところや、読んでみて湧いてきた疑問を文章にしてメモしておきましょう。

動画を見ながらノートをとるときには、「読むインプット」と違い、直接動画に何かを書き込むことはできないので、動画のどの辺りに関することなのか「4分45秒あたりから」などと記しておくと後々便利です。

また、動画を視聴しながらメモをとるときは、**ながら作業になってしまうのを極力避けるよう意識しましょう。**

先ほど、私たちのワーキングメモリーの容量は小さいという話をしました。これは、私たちのメモ習慣を考える上で非常に重要です。

動画を見たり話を聞いたりしながらメモをとるのは、ワーキングメモリーへの負荷が非常に大きいことが知られているからです。[53]

ながら作業でメモをとる場合、話を聞く、どの部分を書き留めるかを決める、ノートの適切な位置に正しく文字を書き込む、そうしながらも続きの話を聞きとる…と、私たちの脳はいくつもの作業を短い時間内に実行しなければならず、ワーキングメモリーに大きな負荷がかかってしまいます。

そのため、動画を見ながら、また話を聞きながらメモをとることは、能動的に集中できるどころか、全く逆効果になってしまいかねないのです。

もちろん、ながら作業でメモをとることが絶対にダメだというわけではありません。これまで、聞きながらメモをとる訓練を積み重ねてきているのであれば、すでに高いスキルを身につけているので、ワーキングメモリーへの負荷は少ないと考えられます。その場合は、特に問題ないでしょう。

それでも、よほど内容が難しかったり、全く新しい分野を学んだりするときには、少し注意したほうがいいでしょう。

動画のインプットで最もおすすめな方法は、動画を5～10分程度でいったん止めてメモをとることです。

動画を止めてメモをとるので、ながら作業を避けることができます。

第2章の「読むインプット」で解説した【ストップ&ゴー】のように、脳をエンゲージすることにもつながります（75ページ参照）。

また、今インプットしたことを改めて、「うーん、なんだっけ？」と自分の頭だけで思い出してみることで記憶の定着にもつながります。

さらに、動画視聴をこまめに区切ることで集中力が途切れてしまうのを防ぐことにもなります。

AI時代のマルチメディアでのインプット

さあ、ここまでの話をベースに、「読む」「見る」「聞く」のマルチメディアでのインプットをより効果的なものにする3つの動画習慣をまとめておきましょう。

ステップ1　まとめのプレビュー

生成AIのまとめツールなどで、動画の内容をざっくりと把握しましょう。自分の探している情報がインプットできそうか評価できるだけでなく、これから視聴する動画の内容をイメージすることで、メタ認知でインプットのクオリティーが大幅にアップします。

ステップ2　動画の速度調整

1・25倍速がおすすめです。得意な分野であれば1・5倍速までOK。新しい分野をインプットするときは、1・5倍速以上にすると理解度が下がってしまうので避けましょう。

ステップ3　ストップ&ゴー

5〜10分くらいの一定の間隔で動画視聴を区切りましょう。いったん動画を止めたら、そこまでの内容についてキーワードや重要点をいくつかメモします。動画の速度調整で稼いだ時間を使って、1〜2分ほどの短い時間でのメモ書きで構いません。きれいに見やすくする必要はなく、あくまで脳がエンゲージすることが目的です。

ステップ4　視聴後のアフターケア

動画を見終えたら、「読むインプット」後のアフターケアと同じように次のことをやってみましょう。

【キーワードテスト】キーワードの定義や説明を思い出してみる

【アウトライン】箇条書きで全体の目次をつくってみる
【まとめ】読んだ内容から自分の目的への収穫を箇条書きでメモする
【Q＆A】周りの人に説明したり、質問したりする

さて、ステップ3の【ストップ&ゴー】は「読むインプット」でも登場しました。「うーん、なんだっけ？」と自分の頭だけを使ってインプットしたことを思い出す、脳のエンゲージメント法のことでした。

これは「リトリーバル」と呼ばれ、最近の研究で注目されてきたインプット法で、記憶力アップに最も効果的だと言われています。

次の章では、この「リトリーバル」にフォーカスを当てて、記憶力アップに有効なインプット法について解説していきます。

第3章 まとめ

POINT

- ☑ インプットの質を下げずに聞くには、1.4倍速まで
- ☑ 「聞く」「見る」「読む」をミックスした形でのインプットが効果的
- ☑ 動画視聴で字幕はONにすると理解度が落ちる傾向がある
- ☑ リアル画像や関係ないキャラクターが出る動画は避ける
- ☑ 【スクショ】や【GPT要約】より手書きメモ
- ☑ 【GPT要約】は動画視聴前に

マルチメディアでの効果的なインプット習慣

ステップ1　まとめのプレビュー
ステップ2　動画の速度調整
ステップ3　ストップ＆ゴー
ステップ4　視聴後のアフターケア
――キーワードテスト：キーワードの定義や説明を思い出す
――アウトライン：箇条書きで全体の目次をつくる
――まとめ：目的への収穫を箇条書きでメモする
――Q＆A：周りの人に説明や質問をする

第4章

脳に焼きつく記憶メソッド

目に見えないほんの小さな差で記憶の定着度合が大きく変わる

中間テストを控えて猛勉強中のアサヒとタクミ。幼なじみの二人は、地元の図書館の自習室に行って、一緒に勉強しています。

静まり返る自習室の中で、二人とも真剣に勉強に取り組んでいる様子。どちらも明日テストがある「歴史」の教科書をパラパラと読み直して復習しています。

二人とも教科書には赤や黄色のハイライトがぎっしり。しっかりと読み込んでいるようです。

1週間後。アサヒは90点、タクミは60点でした。

それでも、いつも明るいタクミは「やっぱりアサヒは頭いいな！　同じだけ、同じように勉強したのに、やっぱり地頭が違うわ」などと全く気にしない様子で、あっけらかんとしていたのでした。

インプットした情報を全て自分の脳にしっかりと焼き付けておきたい！

誰もがそう思うわけですが、現実はそう甘くありません。

読んだ書類も、見た動画も、インプットのその場では納得して理解できるものの、次の日には全く忘れてしまっているなんていうこともしばしば。

しかし、その一方で、何でもすぐにインプットできて、記憶力がやたらに良い人たちもいます。

そんな人との差がやたら目につくのに、インプットの仕方自体にはそう大きな差は見受けられない。ならば、これはやはり「地頭」の問題なのか？

冒頭のアサヒとタクミのテスト結果の違いには、さまざまな要因が考えられます。

もちろん「地頭」もその１つかもしれません。もしくは、アサヒがタクミに隠れてコソコソ勉強していたのかもしれません。

しかし、そうではなかったとしましょう。

二人の能力や才能に差はなく、勉強時間も一緒、やっていた勉強法はテキストの読み返しのみ。それでも、やはり、アサヒは90点でタクミは60点。そんなことは、いくらでも起き得るのです。

そして、そうした大きな結果の差は、ほんの少しの勉強習慣の差から生まれてしまいます。

実際、アサヒもタクミも、同じようにテキストの読み返しをしていたように見えたものの、ほんの少しだけ何かが違っていたのです。

後ほど解説していくように、微妙な差なので、なかなか見ためにはわかりにくいものの、その差が記憶の定着に大きな違いをもたらしていたのです。

私たちの記憶力やパフォーマンス、成績の差の背景には、「地頭」や能力の差ではなく、ちょっとした勉強習慣の差しかなかったりします。

つまり、逆を言えばほんの少しの勉強習慣の改善で、クラストップの成績優秀者や、同僚で一番のパフォーマーとの大きな差を、一気に縮めることが可能かもしれないのです。

それでは、その勉強習慣とは何なのか？

この章で徹底解剖していきましょう。

テキストの読み返しと線引きだけでは効果が薄い

アサヒとタクミがしていた勉強法を振り返ってみましょう。

一度学んだテキストを読み返し、重要箇所にハイライトで色づけをする。【読み返し】や【ハイライト】は誰もが慣れ親しんだ勉強法です。

【読み返し】は、一度学んだものを見返すことで記憶の定着を促進、【ハイライト】は後で見直ししやすくなるので復習の効率が上がる。

そんな具合に、ある程度の学習効果が期待できるような気がしますが、実は【読み返し】も【ハイライト】もある一定の条件でしか効果がなく、また、効果があったとしても、他の勉強法に比べて非常に効果が低いものだということがわかっています。[54]

まず【読み返し】ですが、一度学んだことを何度もむやみに読み返すだけでは、大きな学習効果は見込めないことが古くから示されてきました。

1回目の読み返しにはそれなりの効果が見られるのですが、2回目以降はほとんど効果がありません。[55]

また、最初に学んでから読み返しするまでの期間が空きすぎてしまうと、一から学び直すのと同じになってしまいます。[56]

そうした点に注意して「学んでから数日空けて、1回読み返す」など適度な間隔を空けて行うことで、効果のある【読み返し】が可能です。しかし、いかんせん**他の勉強法に比べて効果が低いので、【読み返し】と一緒に、他の効果のある勉強法を習慣化しておく必要があります。**

同じことが【ハイライト】についても言えます。

重要箇所にハイライトするだけでは効果が期待できず、他の勉強法と組み合わせないと記憶の定着は期待できません。

また、ハイライトをしたからといって、復習の効率アップにもつながらないことがわかっています。[57]

むしろ、ハイライトをすべき重要な箇所を探して、実際に見つけたところをハイライトするという行為自体が、学習効果のアップにつながるという仮説まであります。

つまり、ハイライトは、した後の復習よりも、したそのときに効果を発揮しているということになります。

しかし、**繰り返しますが、【ハイライト】の学習効果は非常に微々たるもの。【ハイライト】は、より効果の高い勉強法と併用しなければなりません。**

やった気にさせられるインプット法には要注意

単独では効果が低い【読み返し】と【ハイライト】ですが、効果が低い反面、人気が高く多くの人がやっているものでもあります。

アサヒとタクミだけでなく、他の多くのクラスメートも実践しているに違いありません。

では、効果が低い勉強法にもかかわらず、なぜそれだけ普及が進んできたのか。

その理由の1つは、【読み返し】も【ハイライト】も、目に見えて勉強が捗ったような気にさせてくれるからです。

・ページをパラパラめくり、200ページ読破
・ページ中にいろいろな色で大事な部分がマークされている

どちらも視覚的に勉強量を示してくれるので、気持ちが良い。しかし、それだけをやっていても、記憶の定着にはあまり効果がありません。

そしてまさに、タクミの歴史のテストが60点だったのは、やった気になる勉強法にハマッてしまい、それ以外の効果的な勉強習慣を身につけていなかったからなのでした。

一般的に、**「やった気」にさせられてしまう勉強法は、学習のパフォーマンスを低下させてしまうので、十分な注意が必要です。**

「ダニング＝クルーガー効果」というのを聞いたことがあるでしょうか。「成績やパフォーマンスが低い人ほど自信過剰になりがちだ」という傾向を示したものです。

例えば、テストで下位の人ほど、実際の順位よりも上にいると思いがちなのです[58]。このような自己認識と現実とのズレが、勉強や仕事でのパフォーマンス、社会性や人間関係などに悪影響を及ぼすことが再三指摘されてきました[59]。

それもそのはずで、実は学ぶべき内容をきちんと理解して記憶していないのに、「やった気」にさせられて、「これは十分に理解した」「復習したからしばらく放っておいても大丈夫」などと思ってしまったら、それ以上勉強する意欲がなくなってしまいます。

ちなみに、この「ダニング＝クルーガー効果」は、当初から、第2章で解説した「メタ認知」と紐づけられて研究されてきました（62ページ参照）。

「自分の実力に関する認知が誤っている」＝「メタ認知の誤認」というわけです。

現在の自分の理解度やスキルを的確に認識することが、効果的な学習の重要ファクターであるのは当然と言えば当然ですが、それが簡単ではないからこそ、これだけ研究されてきているのです。

【読み返し】や【ハイライト】で「やった気」を味わうことで、実際の学習効果が低くても学習効果があったと勘違いしてしまう、つまり、「ダニング＝クルーガー効果」につながるような落とし穴が、私たちの学習習慣の中にも潜んでいます。

良かれと思った学習法で、学習効果が上がるどころかパフォーマンスが下がってしまってはいけないので、十分な注意が必要です。

記憶のベストな引き出し方

それでは、【読み返し】や【ハイライト】にハマってしまったタクミと、同じように勉強していたように見えたアサヒの勉強法は、どこが特別だったのでしょうか？

そこを見極めるために、もう少しだけ、二人の勉強法の差を検証していくことにしましょう。

タクミはテキストをパラパラとめくって復習しています。視線が淡々と横書きのテキストの文字を追って、左から右、左から右と一定の速さで流れています。

一方、アサヒは同じテキストの文字を追う目の動きをときどき止めては、目を閉じたり、教科書から目をそらしてぼーっとしている様子です。

そのため、アサヒのほうがタクミより集中しておらず、むしろ、ときどき勉強以外のことを考えてしまっているかのようにも見えます。

一見すると、アサヒが目を閉じたり目をそらしたりしているのは、勉強に集中していないサインのようにも思えますが、実は、その瞬間にこそタクミとの差が出ているのです。

おそらく、ここまでこの本を読み進めていただいた読者の皆さんは、ピンと来ているのではないでしょうか。

そう、まさに、アサヒが教科書から目をそらしているわずかな時間。それが、二人の間に大きなパフォーマンスの差を生んでいました。

なぜなら、アサヒは、テキストから目を離しながら、しばしば「リトリーバル」をしていたのです。

「リトリーバル」はすでにこの本でも出てきたキーワードですが、一体どんな意味だったでしょうか？

今、「うーん、なんだっけ？」と考えたとしたら、それがまさに、「リトリーバル」です。

「リトリーバル」(retrieval)とは、なくなったものを取り戻すこと。つまり、一度インプットしたものを脳の中から取り戻すということです。

しかも、単に思い出せばいいのではなく、自分の頭だけを使って関連した記憶を取り出すこと。そうした脳のエンゲージメント法を総称して【リトリーバル】と呼びます。

アサヒとタクミの例に戻りましょう。

まず、タクミは淡々と教科書を読み直していました。そのことによって、いったん学んだ内容を、テキストの文字の助けを借りながら思い起こしていました。

一方で、アサヒは頻繁にテキストから目をそらしていましたが、実はテキストを読み進める中でキーワードが目に入ってきたときに、いったん読むのをやめて、「うーん、なんだっけ？」と考えていた。

そうして、キーワードの内容を、直接テキストを読み進めることで思い出すのではなく、自分の頭だけに頼って思い起こしていたのです。

例えば、テキストの「大化の改新」という見出しにハイライトがしてあるとします。注目するべきキーワードを見つけたわけです。

そのときに、そのままそのセクションを読み進めて、大化の改新が何だったかをチェックしていたのが、タクミの勉強法。

一方で、そのまま「大化の改新」のセクションをすぐには読もうとせずに、まずは「うーん、なんだっけ？」と自分の頭だけを使って、大化の改新とは何かを思い出そうとしていた。それがアサヒの勉強法。

アサヒは、「うーん、なんだっけ？」と【リトリーバル】をした後に、自分の記憶が正しかったかどうかチェックするために、「大化の改新」のセクションを実際に読んでいました。

つまり、アサヒはテキストのシンプルな【読み返し】をしていたように見えて、実は教科書を読み返しながら、非常にこまめに【リトリーバル】の学習習慣を実践していたのです。

インプット習慣を劇的に変化させるほんの少しの工夫

【リトリーバル】は、100年以上もの研究の積み重ねの中で、高い学習効果が確認されてきたインプット方法です。

その他の学習法よりも格段に効果があるということが、これまでの研究でたびたび示されてきました。

例えば、【リトリーバル】を取り込んだ勉強法は、シンプルな【読み返し】をするよりも、50%も記憶の定着率がアップ[60]するなど、同様の結果が他の学習法との比較でも確認されています。[61]

そして、そうした【リトリーバル】の効果は脳科学的にもメカニズムが解明されてきました。[62]

【リトリーバル】は脳のメカニズムに適ったインプット法なので、年齢や能力にかかわらず幅広い学習者にとって有効で、記憶の定着だけでなく、学んだことを応用したり整理し直したりするのにも効果的だということもわかっています。[63]

アサヒとタクミの歴史テストの例にもあるように、同じようなインプットの仕方をしていても、インプットすべき内容にどれだけ脳がエンゲージされているかで、記憶の定着に大きな差が出てきます。

つまり、**インプットの鍵はリトリーバル習慣をいかに取り込めるかということ。**

言い換えれば、これまで慣れ親しんだインプット法を、むやみやたらに変えてしまう必要はありません。

こまめに【リトリーバル】ができるように意識さえすれば、自分の好みのインプット法をより効果的なものにバージョンアップさせることができるのです。

脳のエンゲージメントを高めて記憶力アップ！
リトリーバル復習法

なので、タクミも、教科書の【読み返し】や【ハイライト】の習慣をガラッと変えてしまう必要はないわけです。

「やっぱりアサヒとは地頭が違うから、違うやり方を探さなきゃ」とか、「才能がない自分はアサヒの2倍勉強しなきゃ」なんて、思う必要はないのです。

アサヒを見習って、これまでのやり方を変えずに【読み返し】や【ハイライト】をしながら、合間に【リトリーバル】を加えていけばいいのです。

とはいっても、一体どうすればいいのか？　【リトリーバル】なんて難しいんじゃないか？

決してそんなふうに身構える必要はありません。【リトリーバル】は、シンプルな方法で習慣化することができます。

教科書やノートを読み直して復習するとき、意識的に取り込むと、ぐんと記憶が脳に定着しやすくなるリトリーバル習慣を解説していきましょう。

複数挙げておきますが、一度に全部やろうとしなくて大丈夫です。やりやすいものからやっていきましょう。

○【ワード・リトリーバル】一度学習したときに、ハイライトしておいたキーワードが出てきたら、すぐに読み返さずに、目を閉じて、その定義や説明を思い出しましょう。思い出してから、正しいかどうかチェックします。思い出せなかった場合は、再度読んだ後、もう一度目を閉じて、心の中で説明できるようになってから先に進みましょう。

○**【前リトリーバル】**テキストの見出しや小見出しを見つけたら、すぐにその部分を読み始めずに、まずは目を閉じて、その部分に書いてあったことを何でもいいので思い出しましょう。その後に読み進めていきます。メタ認知効果で記憶力がぐんと上がります。

○**【後リトリーバル】**ある程度の分量を読み終わったら、一度目を閉じて、そこに何が書いてあったかをまとめて自分の心の中で説明しましょう。説明できなければ、もう一度読み直してOKです。

少しだけ補足しておきましょう。

初心者におすすめなのは【ワード・リトリーバル】です。

【前リトリーバル】は内容がかなり頭に入ってきてから、【後リトリーバル】は学んだことを脳に叩き込んでいこうという段階でおすすめです。

つまり、効果的な復習の順序としては、【ワード・リトリーバル】や【後リトリーバル】から始めて、内容がしっかり頭に入ってきてから【前リトリーバル】に移っていくという流れになります。

ただひたすら書き写してもなかなか覚えられない理由

【読み返し】や【ハイライト】に並んで人気なインプット法に、手を動かして覚える【書き写し】があります。

一度学んだことを脳に記憶させたいときに、ただひたすら書き写す。そんな意識で、多くの人が実践しています。

しかし、この【書き写し】のインプット法は、やり方が間違っていると、脳のエンゲージ効果が低くなってしまうので注意が必要です。

非常にポピュラーなインプット法なので、詳しく説明していきましょう。

手始めに、やってはいけない【書き写し】の例から見ていきます。

右利きの人であれば、左側にテキスト、右側にノートを置き、目線は左側のテキストの文字を凝視しながら、手は右側のノートの上で、目に入ってきたものをそのまま書き写していく。

そんな、そのごく普通の【書き写し】のインプットが要注意のインプットなのです。

例えば、漢字の書き取り練習。

「薔薇」という漢字がテキストにあって、それをノートに書き写す場合を想像してみてください。このとき、テキスト内の「薔薇」という漢字を凝視しながら、手元のノートに一画一画書いていったとしましょう。

そのような【書き写し】法では、目に入ってくる情報に合わせて手を動かしているだけで、効果的な【リトリーバル】にはつながりません。

実際に、この要領で「薔薇」という字を書いてみてください。字を見つめたまま、手元のノートに一画一画。しっかり書けているか、ときどき手元を見てももちろん構いません。

そのように書き取りをしてみても、リトリーバルの「うーん、なんだっけ？」という頭の働きは感じられなかったのではないでしょうか。

それもそのはず、「薔薇」を凝視しながら手を動かしているだけなので、「薔薇」という字を「うーん、なんだっけ？」と思い出す必要がないからです。

インプットした視覚情報をなんだっけと、思い出す脳の働きがほとんどいらないのです。

これでは、インプットに対して脳がエンゲージするレベルが低く、脳の記憶に焼き付ける効果は非常に低いまま終わってしまいます。

漢字練習だけでなく、英単語やテキストの内容をノートに【書き写し】することで記憶を促すような場合でも同様です。

文字を常に目で追いながらノートに【書き写し】するだけでは、学習効果は高くありません。

書き写しで確実に丸暗記できる！ほんの少しの習慣の違い

ならば、どのように【書き写し】するのが良いのでしょうか。

答えは【インプット&ノールック】を取り込むことです。

まず、記憶に残したい内容を小さなユニットに分けます。その上で、一つ一つのユニットを単位にして【書き写し】していきます。

このときに気をつけなくてはいけないのが、1つのユニットを脳にインプットしたら、テキストから目を離すこと。その上で、何も見ずにインプットした内容をノートに書き込みます。

こうして【インプット&ノールック】を繰り返しながら【書き写し】できれば、【リトリーバル】効果はぐんとアップします。

仮に、「薔薇」の「薔」という漢字を【書き写し】で覚えようとするのであれば、まず「薔」を「艹」「亠从」「回」の3つのユニットに分けます。

その上で、先に「艹」をインプットして、ノールックで書き写します。次に、「亠从」をインプットして、ノールックで書き写します。続けて「回」も同様に。

そのように、一つ一つのユニットをまとめていったん頭に入れて、ノートに書き写していきます。

そうすることで、インプットしたユニットをノールックで、「うーん、なんだっけ？」と自分の頭だけで思い出す【リトリーバル】の効果を取り込むことができます。

実際に、「薔薇」をこのやり方で書いてみると、その感覚を味わうことができるでしょう。

この要領で「薔薇」が書けたら、次のステップとして、一度に書き写すユニットを大き

脳に定着する書き写しの方法

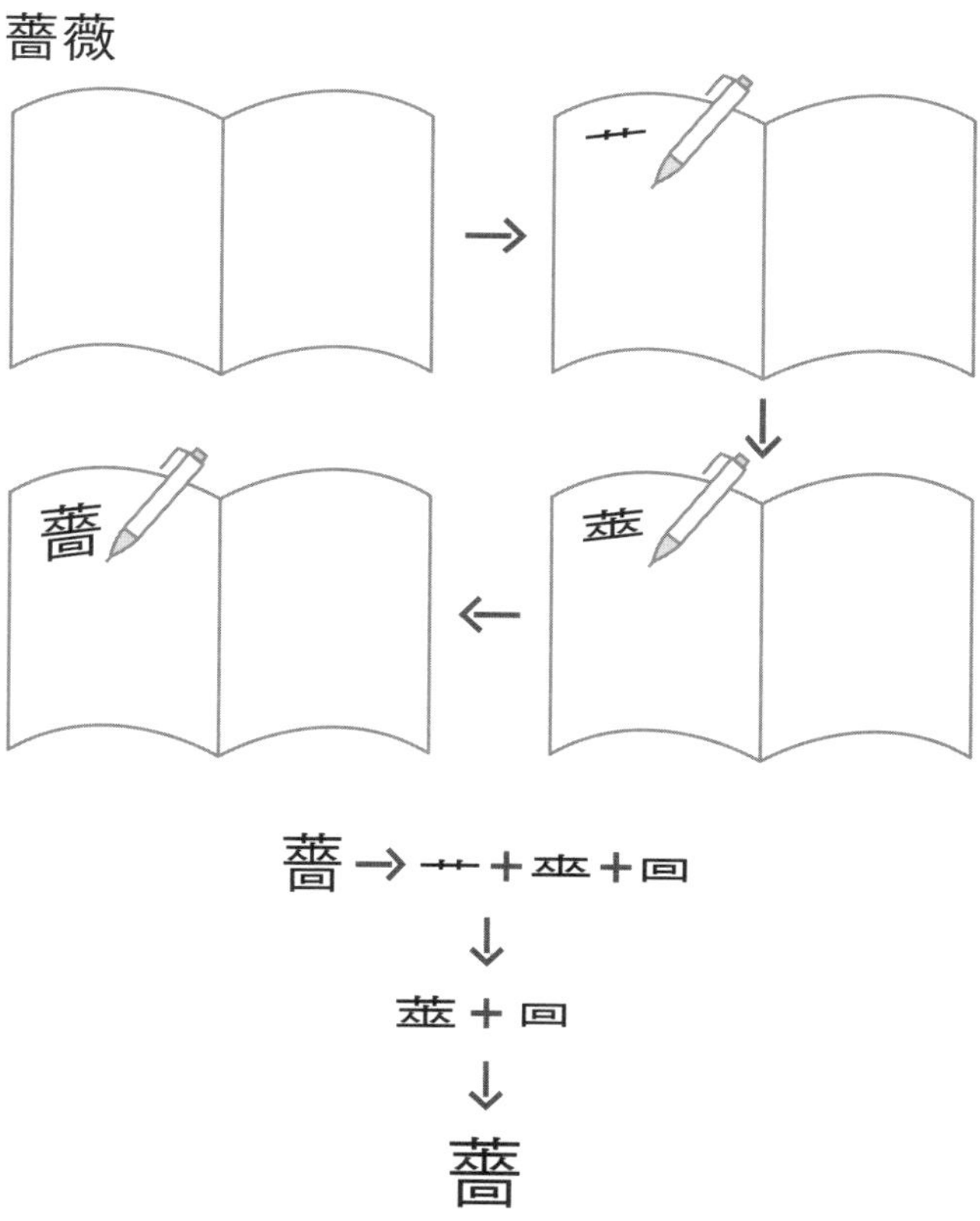

小さなユニットに分けて
【インプット＆ノールック】での【書き写し】が効果的

くしていきます。

例えば、「⿱艹來」と「回」、その次は「嗇」全体、というふうに、テキストから目を離して書く分量を少しずつ増やしていきます。つまり、一度のインプットを大きくして、ノールックで書き出す分量を増やしていくのです。

そして最終的には、「薔薇」全体を何も見ずに書けるようになるまで練習すると、【リトリーバル】をふんだんに取り込んだ【書き写し】の学習ができるようになります。

このようなやり方は、漢字以外の【書き写し】学習にも応用できます。

英単語の【書き写し】も、覚えるべき英単語をいくつかの小さなユニットに分けて、【インプット&ノールック】で【書き写し】を繰り返していきます。

例えば、最初は二文字ずつのユニット、その次は三文字ずつのユニット。そんな具合で、ユニットを少しずつ大きくしていき、最後には単語全体を一気に書けるまで練習しましょう。

数学の公式や、歴史や社会の丸暗記、英単語の暗記など、インプットしたいことを【書き写し】で対応したいときは、いったん覚えられる程度のユニットに分割してから、ユニットごとの【インプット&ノールック】で【書き写し】をするのが効果的です。

【書き写し】学習をするときは、覚えるべき対象を見ながらノートに書き出すのではなく、まずは、覚えるべき対象を小さなユニットに分け、いったん1つのユニットを何も見ずにインプットしてから、続けてユニットごとにノートに書き出すやり方を実践しましょう。

このように、【リトリーバル】を組み込んでインプットしていけるかどうかが、記憶の定着の鍵になります。

プレゼンや授業の後に必ずやるべきこと

さて、ここまでテキストやノートの【読み返し】や【書き写し】で、【リトリーバル】を盛り込みながら、脳のエンゲージメントを高める方法を見てきました。

次に、プレゼンや授業などでのインプットを効率良くするための簡単な【リトリーバル】習慣をご紹介しましょう。

その名も【ブレインダンプ】。「ブレイン」(brain)は「脳」、「ダンプ」(dump)は「ドバッと出す」という意味です。

まさに、「ダンプカー」が土砂を「ドバッ」と出しているイメージで、脳にいったんインプットした情報を一気に思い出して言葉にする学習法です。

プレゼンの後、授業の後、どんなときでも、いったんインプットしたものを全て吐き出すかのように、言葉にしてみましょう。

そうすることで、インプットした内容を【リトリーバル】できて、より脳のエンゲージメントを高めることができます。

「ん？　これはなんか似たようなやり方を聞いたことがあるような？」

そう思った方、この本をここまで注意深く読んでいただき、ありがとうございます。

例えば、「読むインプット」やマルチメディアでのインプットで解説した【ストップ＆ゴー】は、まさにこの【ブレインダンプ】の応用です。

あるところまで読んで、少し目を閉じて「うーん、なんだっけ？」と考える。もしくは、あるところまで見たら動画を止めて、「うーん、なんだっけ？」とインプットした内容を自分の頭だけで思い出してみる。

まさにそうした脳の働きが、インプットした内容を記憶する効果を高めるとお話ししました。

【ブレインダンプ】は、【リトリーバル】の学習習慣というだけあって、効果抜群です。学んだ内容が記憶に定着するのはもちろん、[64]学んだことを改めて整理して見直せたり、[65]

思考力アップにもつながることがわかっています。[66]
思い出した内容を書き出したり声に出したりして【ブレインダンプ】すると、効果がアップするという報告もあります。[67]

プレゼンや授業など、インプットをした後に2分間【ブレインダンプ】をしましょう。時間があれば、それを箇条書きで書き出すのもいいです。

また、学んだ内容を仲間や友達と話すことも【ブレインダンプ】と同様の効果を発揮します。

3つ思い出すだけでも効果が出る

しかし、プレゼンや授業の後に2分間だけの【ブレインダンプ】では足りない気がする……。たくさんインプットしたのに2分しかないと、インプットしたことのほんの一部の内容しか記憶の定着を望めないのではないか？

そう心配する方もいらっしゃるかもしれません。

確かに、そうした心配はごもっともです。

もちろん、長い授業やプレゼンの内容全てを、2分間の【ブレインダンプ】でカバーすることはできません。

だからこそ、2分以上【ブレインダンプ】できるときであれば、より長くやるに越したことはないでしょう。

しかし、皆さんそんなに暇ではありません。忙しい中、毎回長時間の【ブレインダンプ】に耽《ふけ》ることなど不可能でしょう。

そんな忙しい皆さんに朗報です。インプットした後に**【ブレインダンプ】をすると、直接思い出して言葉にしたこと以外の情報も記憶に残りやすくなります。**[68]

例えば、30分のプレゼンを聞いたとしましょう。プレゼンの中には7つのポイントがあります。

そのプレゼンが終わってから2分間【ブレインダンプ】をして、7つのポイントのうちの5つだけ箇条書きできました。仕事が忙しいので、残りの2つのポイントはいったん放置して、次の会議に向かいました。

そうしたとき、【ブレインダンプ】で思い出した5つの箇条書きだけに記憶の定着効果が期待できるだけでなく、思い出さなかった残りの2つのポイントに関しても記憶の定着効果が期待できるということが明らかになってきたのです。

つまり、いったん頭にインプットされた内容の一部を【ブレインダンプ】で思い出すと、その他の関連する事柄も一緒に脳に定着しやすくなるわけです。

そうした結果を最大限に考慮して、ものすごくシンプルな【ブレインダンプ】を身につけるところから始めてみてください。

例えば、授業やプレゼンの後に「学んだことを3つ思い出す」というようなルーティーン。思い出すことは3つだけなので簡単なだけでなく、しかも、それ以外の内容も記憶に残りやすくなるというのだから、やらない手はありません。

仕事の合間や、授業の後の休み時間、ちょっとしたスキマ時間に【ブレインダンプ】を取り入れるだけで、脳のエンゲージメントが劇的に変わり、記憶力アップが期待できます。ぜひ意識してインプット習慣に取り入れていきましょう。

次の日のインプット前にすべきこと

もう1つ、簡単で効果的な【ブレインダンプ】習慣があるので、ぜひ実践してみてください。

それは、インプットした後、「しばらく時間を置いて」からやる【ブレインダンプ】です。

授業やプレゼンのすぐ後に【ブレインダンプ】する方法は、前のセクションで説明しました。これを名付けて【すぐダンプ】と呼びましょう。

それと一緒に習慣づけたいのが、次の日に前日の内容を思い出す【ブレインダンプ】。名付けて【時差ダンプ】です。

インプット直後に行う【すぐダンプ】と翌日に行う【時差ダンプ】。すぐに脳をインプットした内容にエンゲージして、少し経ってからもう一度「うーん、なんだっけ？」と脳をエンゲージする。

このやり方が記憶の定着を加速させます。

さて、【時差ダンプ】のように、ある程度の時間を置いて【リトリーバル】することを、「学びの科学」では【スペーシング】（spacing）と言います。

今学んだことをすぐ思い出すのは簡単です。いったん慣れてしまえば、あまり頭を使わなくてもできてしまいます。

一方、いったん覚えて慣れたことでも、時間を空けることによって、【リトリーバル】

がより難しくなります。

つまり、適当な時間を空けることで、脳を適度にエンゲージすることができて、学びが定着しやすくなるのです。

この【スペーシング】のテクニックも、【リトリーバル】同様に、これまでの「学びの科学」によって、幅広い年代に高い学習効果があることがエビデンスとして蓄積されてきました。[69]

ちなみに、どれくらいの期間を置いて【リトリーバル】すれば良いかが気になるところです。

例えば、【すぐダンプ】して、1日後に1度目の【時差ダンプ】。その次はいつするのが良いでしょうか。

【スペーシング】は、【リトリーバル】の間隔を徐々に広げていくことで効果が高まると言われています。

1日目の【時差ダンプ】の後は、1週間から10日後くらいにもう一度【時差ダンプ】するようにしましょう。

一気にまとめて？　それとも少しずつ？

さて、【スペーシング】で記憶定着の効果がアップするという話をしてきたわけですが、やはり、資格試験や昇進テストの前夜は、一気に詰め込み勉強に走ってしまうもの。短期間で記憶しようとします。そしてそれが、実際にテストの結果につながったりします。

では、【スペーシング】と【短期集中】、どちらのほうが良いのか？　そんな切実な疑問が湧いてくるかもしれません。

これに関しても、これまでの研究の蓄積があります。

結論としては、**【スペーシング】は長期間の記憶定着に強く、【短期集中】は、短期間の記憶の維持に強いです。**[70]

これを意識して、【スペーシング】と【短期集中】のインプット法を使い分ける必要があります。

例えば、英検2級に受かったので、次の英検準1級を目指しているとしましょう。

そんなとき、英検2級までの学習内容をすっかり忘れてしまっていては、準1級の勉強に進んでいくことはできません。

前に習ったことの積み重ねがあって初めて、次のレベルの内容を理解することができるわけです。

なので、いつも【短期集中】の勉強法だけに頼ってしまっていては、いったんはテストで良い点がとれても、その内容をすぐに忘れてしまうため、次のレベルの内容を理解するのが難しくなってしまいます。

特に積み重ねが重要なものでは、【スペーシング】と【短期集中】の両方を意識的に併用する必要があります。

一方で、短期プロジェクトで、ある分野の全体像をプレゼンするなど、インプットした内容を少しの間だけ維持できればいいという場合は、【短期集中】型の勉強法で事が足ります。

積み重ねが必要なのか、単発で済むのかで、インプット後の記憶定着法を選ぶ必要があるのです。

ハッピーだと間違える！　感情と記憶のディープな関係

この章では、インプットした内容を記憶に定着させるための方法を見てきました。こまめに【リトリーバル】の機会をつくるのが記憶定着への鍵で、そのためには、どんな習慣を身につければいいかということを詳しく解説してきました。

【リトリーバル】の重要コンセプトやテクニックがたくさん出てきたので、この章で紹介した記憶メソッドのリストをまとめておきましょう。

○**【読み返し】**他の勉強法に比べて効果が低い。2回目以降はほとんど効果がない。他の勉強法と併用が必須。

○**【ハイライト】**効果は非常に微々たるもの。復習の効率アップにはつながらない。より効果の高い勉強法と併用が必須。

○**【リトリーバル】**自分の頭だけを使ってインプットしたことを思い出す脳のエンゲージ

メント法の総称。１００年以上もの研究の積み重ねの中で、高い学習効果が確認されてきたインプット方法と言える。

○【読み返し】＋【リトリーバル】

・【ワード・リトリーバル】一度学習したときにハイライトしておいたキーワードが出てきたら、すぐに読み返さずに、目を閉じて、その定義や説明を思い出す。

・【前リトリーバル】見出しや小見出しを見つけたら、すぐにそのセクションを読み始めず、目を閉じて書いてあったことを思い出す。

・【後リトリーバル】ある程度の分量を読み終わったら、一度目を閉じて、そこに何が書いてあったかをまとめて自分の心の中で振り返る。

○【書き写し】一度学んだことを脳に記憶させたいときに、ただひたすら書き写す。やり方を間違えると、脳のエンゲージメント効果はダウンする。

○【インプット&ノールック】覚えるべき対象を見ながらノートに書き出すのではなく、覚えるべき対象を小さなユニットに分け、１つのユニットをインプットしてから、その都度、何も見ずにそのユニットをノートに書き出す。

○**【ブレインダンプ】**脳にいったんインプットした情報を一気に思い出して、ドバッと言葉に出す。思い出すことは一部だけでも、それ以外の内容も記憶に残りやすくなる。

・【すぐダンプ】インプット後すぐに【ブレインダンプ】する。

・【時差ダンプ】次の日にインプットした内容を【ブレインダンプ】する。

○**【スペーシング】**ある程度の時間を置いて【リトリーバル】すること。脳を適度にエンゲージすることができて、学びが定着しやすくなる。

○**【短期集中】**一気に詰め込む勉強法。【スペーシング】は長期間の記憶定着に強く、【短期集中】は短期間の記憶の維持に強い。

これらも全てを一気にやろうとせずに、チャレンジしやすいものからピックアップして、インプット習慣に組み込んでいってください。

さて、この章の最後に、読者の皆さんに質問です。

幸せな出来事と、悲しい出来事。どちらのほうがより記憶に残っていますか？

学校に合格したり、仕事で成果が出たり、結婚したりといった幸せな人生のイベントと、喧嘩《けんか》したり、失敗したり、別れが来たりといった悲しい人生のイベント。どちらのほうが詳しく正確に覚えていますでしょうか。

皆さんそれぞれに答えが違ってくるかと思いますが、実はこれまでの研究から、悲しい出来事のほうがより正確に細かく覚えていることが多いことがわかっています。[71]

幸せを感じているときは、より幅広い視野で柔軟な思考を持ちやすいのに比べて、悲しみを感じているときは、分析的に詳細を見つめることができるのです。[72]

このように感情と私たちのインプットのクオリティーは密接に関係しています。

特に、インプットの効果的な方法を学んでも、インプットをする意欲、モチベーションが維持できなければ、目的を達成することが難しくなってしまいます。

そこで、次の章では、インプットとモチベーションについてお話ししていきましょう。

第4章　まとめ

POINT

- ☑ 記憶の定着には【リトリーバル】が大切
- ☑【読み返し】と【ハイライト】は【リトリーバル】とセットで行う
- ☑【書き写し】は、【インプット＆ノールック】で行う
- ☑ インプット直後に思い出して言葉にする【ブレインダンプ】は一部を思い出すだけでも効果的
- ☑ 時間を置いて【リトリーバル】をする【スペーシング】は学びが定着しやすい
- ☑ 一気に詰め込む【短期集中】は短期間の記憶維持に強く、【スペーシング】は長期間の記憶定着に強い

復習時の効果的な【リトリーバル】方法

①**ワード・リトリーバル**：キーワードの定義や説明を思い出した後、正しいかチェックする

②**前リトリーバル**：見出しを見てその内容を思い出した後、読み進める

③**後リトリーバル**：ある程度読んだら、目を閉じて内容を思い出す

第 5 章

インプットの
質を上げる
モチベーション管理

やる気次第でインプットの質は変わるのか？

入社して数年の山田ケイさん。自分の仕事は一通りこなすことができるようになったので、ここからさらにもう1つステージを上げたい。そのために、いろいろな知識やスキルを吸収してインプットの質を向上したい。

だから、山田さんは、効率的なインプットの方法を勉強しました。

すると、確かにこれまでより素早くインプットできるようになり、情報も頭に残っていくのが実感できました。そうなってくると、嬉しくてパフォーマンスもやる気も上昇。これから、ガンガン業績を上げていくぞ！

しかし、そう勢いづいていたのは2カ月前。

せっかく始めたリトリーバルやマルチメディアでのインプット習慣はどこへやら。それどころか、自分の仕事以外の知識やスキルを身につけようというやる気自体が薄れてしまいました。

第2章にも登場したインプットが苦手な山田さん。状況を変えようと努力を始めて、少しの間は改善の実感もあったのに、モチベーションが長くは続かなかったようですね。

初めの頃は、インプットの習慣を身につけることに注力し、実際にクオリティーの高いインプットができていたことでしょう。

しかし、長期にわたって高いモチベーションを維持するのは難しいものです。

業績を上げたり、大きな目標を達成したりするには、短期間のやる気と努力だけではどうにもなりません。

それだけに「やる気が出ても長続きしない」「達成したい目標に向かって最後まで頑張りきれない」などと悩んでしまうのも、ごく自然なことです。

しかし、やる気は気持ちの問題で、あるときはあるけれど、ないときはないとしか言えないのでは？　「生理的に受け付けられない」と感じている同僚と突然恋に落ちろと言われても何もできないのと同じで、自分の気持ちを自分でコントロールすることなんて果たしてできるのでしょうか？

そんなふうに悩んでしまいがちなのですが、実は**やる気は科学的にコントロール可能で**

す。

すごく嫌いな人と明日恋に落ちるというわけにはいきませんが、エビデンスのある科学メソッドを使うことで、やる気を長く維持したり、質の良いモチベーションを引き出したりすることはできます。

この章ではモチベーションの科学について、じっくりと見ていきたいと思います。長続きする心に優しいモチベーションの引き出し方や、正しい目標の立て方。これまでの心理学の研究から明らかになってきた重要事項を学んでいきます。

この章では、

・モチベーションを生み出す脳のメカニズム
・短期間しか続かないモチベーションと長期間続くモチベーション
・ビジネスや勉強での基礎的な目標の立て方（これだけだと危険）
・基礎的な目標に絶対に足すべきもの

について、学んでいきましょう。

絶対に知っておくべき! モチベーションのメカニズム

まず、そもそも私たちのやる気はどのように湧き出てくるのでしょうか?

それを理解するのに「自己決定理論」という心理学理論が役に立ちます。

メインとなる内容は、次のようにまとめることができます。


人間のモチベーションのベースは、人とのつながり(関係性)、自分が何かできるという感覚(有能感)、それから、自分が決断したことを自分の意思に沿ってやっているという感覚(自律性)である。

これら「心の三大欲求」が満たされると、私たちの心が満たされる。

また、そのように心が満たされるような事柄に対して、私たちは動機づけられる。[73]

もう少し噛み砕いて解説していきます。

まずは、第2章でもお話しした脳の「報酬系」について振り返りましょう。

報酬系は、私たちが「幸せだなあ」「気持ちいいなあ」などと感じるときに活性化される、まさに心に「報酬」を与える脳のメカニズムです。

報酬系が活性化されたときには、脳の中でドーパミンが分泌されます。このドーパミンという物質によって私たちは幸福感や満足感を得ます。

そして、私たちが心の三大欲求、つまり、「つながり」[74]「できる感」[75]「自分から感」[76]を感じるとき、まさにこの報酬系が活性化していることがわかっています。

誰かと一緒に何かをしたり、誰かのために行動したり、他の人とコラボレーションができそうだなと期待したり。そんな誰かとの「つながり」を感じるときはドーパミンがジュワッと。

何かができたり、学べたり、達成できたとき。また、何かができそうだと予感したとき。そんなときは「できる感」でドーパミンがドバッと。

そして、誰かに言われたり、何かにコントロールされていたり、やらされていたりするのではなく、自分の心から湧き出る意思で何かをやっているときは、「自分から感」でドーパミン・ラッシュ！

そのような感じで、私たちの心の三大欲求は満たされているのです。

私たちの心は「つながり」「できる感」「自分から感」を欲している。これが、私たちのモチベーションの源泉になっています。

つまり、私たちのモチベーションを最も効率的に引き出し、維持するには、「つながり」「できる感」「自分から感」の3つが得られるような環境をつくればいいということになるわけです。

インプットの後のアウトプットが心に優しい理由

では、そのような環境をインプットではどうつくったらいいのでしょうか。

ご安心ください。ここまでこの本で紹介してきたインプット方法の多くは、心の三大欲求をサポートしてくれるようにデザインされています。

例えば、第2章で解説した「アクティブ・リーディング」のスキルには、次のようなものが含まれていました。

↓読む前

○**【目的設定】**インプットの目的を明確に設定する

↓読んだ後

○【キーワードテスト】キーワードの定義や説明を思い出してみる
○【まとめ】読んだ内容から自分の目的への収穫を箇条書きでメモする
○【Q&A】周りの人に説明したり、質問したりする

例えば、【Q&A】は、周りの人たちとコミュニケーションすることで、「つながり」を満たしてくれます。

一般的に、何か目標を達成しようとするときに他の人と一緒に行うとやる気が続きやすいのは、心の三大欲求である「つながり」が動機づけとして機能しているからだと言えます。

また、【キーワードテスト】や【まとめ】は、インプットしたことをアウトプットすることで、「理解できた」「記憶できた」という「できる感」につながります。

インプットした後に何らかの形でアウトプットするのがおすすめなのは、第4章で詳しく解説した「うーん、なんだっけ?」の【リトリーバル】の効果が期待できるだけでなく、心の三大欲求である「できる感」を感じることができるからです。

さらに、【目的設定】で、自分が何のためにインプットをしたいのかを確認することで、「自

分から感」も得ることができるのです。

たとえ、学校の宿題や仕事のプロジェクトなど、きっかけは先生や上司から与えられるような場合でも、それが自分にとってどのような意味があるかを意識することで、「自分から感」につなげることができます。

「自分から感」を得るための効果的な目的設定の方法については、第6章でさらに詳しく解説していきます。

このように、この本で紹介してきた方法を実践すると、**「つながり」「できる感」「自分から感」を自分のインプット習慣にどんどん取り込むことができ、モチベーションを長期的に持続させることができます。**

「やる気」には２種類ある

さて、モチベーションの源である「心の三大欲求」に加えて、もう1つ肝心なコンセプトがあります。

それは、**私たちのやる気には全く異なる２種類がある**ということです。

例を使って説明しましょう。

子どもがルービックキューブをやっています。

楽しくて楽しくて仕方がないので、ずーっとやっています。

周りから褒められたいわけではなく、お金がもらえるわけでもありませんが、ルービックキューブをやること自体が楽しく、満足しています。自分がやりたくてやっているのです。

このようなやる気のことを**「内発的なやる気」**と呼びます。

そして、何かに内発的に動機づけられているときは、それをやること自体で満足することができます。

褒められたり、お金がもらえたりしなくても、ルービックキューブをやるのが楽しくてそれだけで満足してしまうというのは、まさに内発的な動機づけと言えます。

それに対して、**「外発的なやる気」**は、お金や地位、その他の報酬や、それをやることによって避けられる罰則などにより動機づけられている状態のことです。

例えば、全然やりたくないお手伝いも、「おこづかいがもらえる」となれば、やる気が出るかもしれません。

お手伝いをすること自体に内発的に動機づけられているのではなく、お手伝いをすることで発生する「おこづかい」という外発的な報酬に動機づけられているわけです。

脳科学も太鼓判！
お金によるやる気は長続きしない

さて、ここで非常に厄介なことがあります。ルービックキューブの例で解説を続けていきましょう。

例えば、ルービックキューブに内発的にどハマりしている子どもに、「1面揃えられたら、100円あげるよ」と伝えたとしましょう。

ルービックキューブをやること自体で満足している子どもに、「お金」という外発的な報酬を与えるのです。

すると、その子はどうなるでしょうか。

なんと、それまでは何も求めずにルービックキューブを楽しんでいたにもかかわらず、今度はお金という外発的な報酬なしには、ルービックキューブをやらなくなってしまうのです。

つまり、ひとたび外発的な報酬にやる気を感じてしまうと、それまでの内発的なやる気が脅かされてしまうのです。

内発的なやる気が外発的なやる気に打ち消されてしまうのには、大きな問題があります。それは、**外発的なやる気ばかりに長い間動機づけられていると、心や体に悪影響が及ぼされてしまう**ということです。

例えば、お金という経済的な動機づけを強く求め続ける人は、総合的な自己肯定感が低くなりがちで、抑うつ感情や不安を抱えやすい傾向にあります。[77]ステータスや見た目の良さなどを求める場合も同様です。精神面以外にも、頭痛や肩こりなどの身体的健康に影響が出たり、友人、恋人、家族など、人間関係にも問題が出てくることが報告されています。[78]

ことに高校生[79]や大学生[80]では、外発的な報酬を求め続けることで、タバコや酒、ドラッグなどに依存してしまうリスクが高まるので要注意です。

さらに厄介なことに、外発的動機づけは一時的な効果が非常に強いです。おこづかいや褒め言葉、その逆の、罰を与えたり叱ったりすることなどで「イヤイヤ」と言っている子どもが言うことを聞いたりするのもそのためです。

給料やステータスだって外発的な動機づけです。昇給や昇進がちらつけば、嫌々やっていた仕事に対しても、がぜんやる気が満ちてくるなんていうことも珍しくありません。

つまり、その場でやる気をブーストしようと思ったら、外発的な動機づけが非常に有効なのです。それだけに、誰しもが知らず知らずのうちに外発的な動機づけを求めてしまいます。

仕事を頑張った結果、昇進できるのなら、誰しもやる気が一気に上がるかもしれません。それで成功すれば、さらにその先を目指す。

そうイメージしてみれば、外発的な動機づけも悪くはないように感じますが、問題なのは短期的なブースト効果ではなく、長期的な悪影響です。

短期的な効果に惑わされずに、しっかりとした内発的な動機づけを持てるようにしなくてはいけません。

しかしやっかいなことに、この世の中は外発的動機づけだらけです。何かしらの数字を求められたり、その結果から発生するステータスや給料。どのような動機も数値化された瞬間に、外発的になる危険が潜んでいます。

そうした**外発的な報酬や罰則は、現代社会で生きている限り、完全に避けることはできません。それだけに、意識して内発的な動機づけを維持できるようにしていく必要があります。**

それでは、どのようにして外発的な動機づけにあふれた現代社会を生き抜いていけばいいのか。

外発的なモチベーションに負けないように、内発的なモチベーションを維持するための正しい目標の立て方を解説していきましょう。

ビジネス目標の基本型

どんなプロジェクトをしようとするときでも、目標設定は欠かせません。きちんと目標を設定することでパフォーマンスが上がり、より大きな成果を達成することができます。[81] また、それがインプットのクオリティーを上げることにもつながります。

そこで、まずはビジネスや勉強の場面で幅広く使われている「SMART目標」を解説していきます。

「ＳＭＡＲＴ」とは、目標設定に必要な5つの要素の頭文字をとって並べたものです。

5つの要素とは、

・Specific（具体的に）
・Measurable（測定可能な）
・Achievable（達成可能な）
・Related（関連した）
・Time-bound（時間制約がある）

です。

例えば、「良い成績を挙げる」という目標は、抽象的で成果が曖昧です。予定や目標に至るまでの自分の役割や道のりも描きにくいでしょう。

一方で、「来月の自分の営業の売り上げを今月から10％アップさせる」という目標であれば、「毎週3％アップさせる」などと具体的な道筋を描きやすいです。

そこで、漠然とした目標よりも、具体的で、かつ、達成したかどうかがはっきりわかる「Specific（具体的に）」な目標や、到達具合が数値化できる「Measurable（測定可能な）」な目標が大事になってきます。

また、「来月の」というように、「Time-bound（時間制約がある）」の要素も大切です。達成までの時間を意識することで、いつまでも未達成の状態が続くことを避けることにもつながります。

「10％アップ」というのがあまりに非現実的でもいけません。ある程度レベルの高い目標でも「Achievable（達成可能な）」な目標を立てる必要があります。

そして、売り上げを上げることが会社や自分にとって有意義なものでなくてはいけません。文脈に沿わない目標ではなく、「Related（関連した）」な目標を心がけなくてはいけないのです。

このように、**「SMART目標」の5つの重要要素を心がけて、基本となる目標を立てることが、効果的な目標設定の第一歩です。**

期限付きの数値目標だけでは心が病んでしまう

しかし、「SMART目標」には根本的な問題があります。なんと、**「SMART目標」では長期的なモチベーションを維持しにくい**のです。

なぜなら、「SMART目標」を立てるときには、自分の目標を具体的に数値化しなければなりません。その過程で、どうしても「売り上げ」などの外発的な要因を見つける必要に迫られてしまいがちなのです。

そうやってできた目標は、外発的報酬により短期的なモチベーションにはつながっても、長期的なモチベーションを壊してしまいかねません。

もちろん、「SMART目標」で、数値化したり具体的な目標を設定したりすることで方向性を明確にイメージできるので、「自分から感」を得ることができたり、目標に向かって前進する「できる感」はイメージしやすくなります。

「SMART目標」も、心の三大欲求をある程度は満たしてくれるのです。より長期的な内発的なモチベーションのサポートになる要素を持ってはいるわけです。

厄介なのは、先ほどのルービックキューブのおこづかいの例のように、外発的なやる気が内発的なやる気を壊してしまうということです。

そのため、「SMART目標」は、便利で重要なツールでありながら、そればかりに頼っていると、長期的に維持可能な内発的なやる気が遠ざかってしまいます。

「10%」という数値や「来月まで」という期限によって、短期的にはやる気がブーストされても、外発的な動機づけに引っ張られてしまい、もともとなぜ自分がその目標に動機づけられているかを見失いやすくなってしまいます。

気がついたら、数字ばかりを追いかけている疲れ切った自分に気づき、元々の目的意識を失ってしまっていた。そんな状況は、外発的な動機づけにあふれた現代社会では少なくないことなのです。

数字や具体的な成果だけを追いかけてしまうと、最終的には外発的なモチベーションしか残らなくなってしまい、そこからは、先ほど説明した外発的モチベーションの長期リスクを背負わなくてはいけなくなるのです。

モチベーションを維持するための2種類の目標

それでは、どうしたらいいのでしょうか？

ＳＭＡＲＴ目標で具体的で数値化された目標を確認したら、もう一度自分の目的意識を振り返っておくことが大切です。

そのために、人間の心の三大欲求に基づいて、自分がどうしてその数値化された目標を達成したいのかを問い直してみましょう。

○**できる感（Competency）**：自分の能力が上がる、新しいスキルや知識が身につく　など

○**自分から感（Autonomy）**：自分の意思である、自分以外の何かに突き動かされていない、外発的な動機づけがない　など

○**つながり（Relatedness）**：他の人たちとの関係性を広げて豊かになる、社会に貢献する、コラボレーションがある　など

これら心の三大欲求が、**SMART目標を達成することで、どのように満たされるかを考えて、SMART目標を改めて言い換えてみてください。**

数値化や具体性は気にする必要はありません。

例えば、

「来月のTOEICの試験で前回よりスコアを10%アップさせる」

というのが自分のSMART目標ならば、

「自分の英語スキルを上げることで、会社の海外への事業展開に貢献し、それを通して、社会や世界に大きなインパクトを与えたい」

などのようにです。

英語スキルを上げることが「できる感」、社会や世界との「つながり」、また、誰に頼まれたわけではなく、自分の意思でそうしたいという「自分から感」。

自分の心を見つめ直して、こうした目標の言い換えをしてみてください。

そうして言い換えられた目標は、心の三大欲求の頭文字、「C」「A」「R」をとって「CAR目標」と呼びます。

「SMART」と「CAR」で「スマート・カー」と覚えてください（モバイル機器など

と連携した多機能型自動車のことですね）。

心の三大欲求が脳科学的に脳が内発的に欲するものなのだから、私たちの目標もそれに合わせて立て直すというわけです。

そして実際に、同じ目標内容でも、ＣＡＲ目標のフレームに焦点を合わせると、内発的なモチベーションにつながることが確認されています[82]。

また、一般的に、なぜ自分がその目標に向かっているかということを意識的に振り返る行為には、人生の意義や目的をより強く感じる効果もあります[83]。

目標はそこに到達するためだけにあるのではありません。むしろ目標と向き合うことで内発的なモチベーションを高めることにこそ、目標を設定することの本来の意義があるとさえ言えます。

ＳＭＡＲＴ目標を立てたら、必ず自分の心の三大欲求に働きかけて、ＣＡＲ目標を確認することが大切です。

この2つの目標が両輪になって、パフォーマンスをブーストしながら、長期のモチベーションを維持させてくれます。

最強のモチベーションのメンテナンス術

だからといって、SMART目標とCAR目標を設定したら、それで終わりでいいというわけではありません。

モチベーションを維持していくためには、これら2つの目標をしっかりと活用していかなくてはなりません。

まずはSMART目標に基づいて、短期目標とスケジュールをつくっていきましょう。

最初にやるべきことは、SMART目標にゴールするためにどんな道のりをたどっていくか。それが見える化できるように、数日あるいは数週ごとに達成すべきことを具体的に書き出して、短期の目標を立てましょう。

前述の例のようにSMART目標が「来月の売り上げを10％アップさせる」ならば、週ごとに「2～3％の売り上げアップ」、そのためにどんな戦略をとっていくか、例えば、「訪問先を10％増やす」などを考えるわけです。

このときに注意することは、短期目標自体もSMART目標のコンセプトに沿って、具体的で測定可能なものにすることです。
そうしてできた短期の目標と戦略を時系列で並べると、SMART目標達成までの【SMARTスケジュール】ができあがります。

一方、**CAR目標はスケジュールをこなしていきながらモチベーションの維持に使っていきます。**

それぞれの短期目標の期限ごとに、目標に対する進捗度合いを自分で振り返る【セルフアセスメント】（自己評価）を次の要領でやっていきます。

【セルフアセスメント】のやり方

SMARTスケジュールを見直して、次の項目についてノートに書き出しながら向き合ってみましょう。

・今回の短期のSMART目標はどれくらい達成できたか
・全体のスケジュールやSMART目標に調整は必要か
　必要であれば、どう調整するか（目標到達が遅れているときなど）

・前回のセルフアセスメントがあれば、読み直す
・自分のCAR目標に、どれくらい近づいてきた気がするか

自分の気持ちを振り返って正直に書いてください。5～10分程度で構いません。自分だけが見るものなので、変に凝ったり、うまい表現を無理に探ろうとしたりする必要もありません。あくまで自分で目標を振り返るのが目的です。

具体的で数値化されたSMART目標だけでなく、CAR目標を定期的に振り返ることで、内発的なモチベーションが維持されます。

また、【セルフアセスメント】をすることで、つらいときに未来を見据えて前に進む力を養うことにもつながります。

この章では、インプット習慣に加えるべき、モチベーション維持の方法を見てきました。まとめると、次の4つのステップが鍵になります。

1. SMART目標を立てる
2. CAR目標に言い換える

3.【SMARTスケジュール】をつくる
4.【セルフアセスメント】をしていく

インプット習慣とモチベーション維持に加えて、ＡＩ時代のインプットには、絶対に欠かせないもう1つの要素があります。

それは、インプットする価値のある良い情報を見つけるスキルです。

せっかくやる気があっても、インプットのスキルが高くても、ガセネタや信憑性の低い情報も混在する現在の情報化社会で良い情報を選び出すことができなければ、元も子もありません。

次の最終章では、インプットをするにあたって良い情報を嗅ぎ分ける方法について詳しく解説していきます。

第5章 まとめ

POINT

- ☑ インプットの継続にはモチベーションの維持が必要
- ☑ モチベーションは「つながり」「できる感」「自分から感」の心の三大欲求を満たすことで維持される
- ☑ 外発的なやる気は、内発的なやる気を脅かす
- ☑ SMART目標でCAR目標をどう達成するかを考える
- ☑ SMART目標に基づく短期目標とスケジュールをつくる
  ➡ SMARTスケジュール
- ☑ SMARTスケジュールを見直して、適宜【セルフアセスメント】(自己評価)を行う

SMART目標

・**Specific**(具体的に):達成度合いがわかる目標を立てる
・**Measurable**(測定可能な):目標を数値化する
・**Achievable**(達成可能な):到底達成できない目標は立てない
・**Related**(関連した):自分や会社などと関連した目標にする
・**Time-bound**(時間制約がある):達成までの時間を決める

CAR目標

・**Competency**(できる感):自分の能力が上がる、新しいスキルや知識が身につく　など
・**Autonomy**(自分から感):自分の意思である、自分以外の何かに突き動かされていない、外発的な動機づけがない　など
・**Relatedness**(つながり):他の人たちとの関係性を広げて豊かになる、社会に貢献する、コラボレーションがある　など

第6章

スタンフォード式
AI時代の
情報の見分け方

情報をゲットするときに必ずやるべきこと

「科学者グループによると、地球温暖化は誤りで、極地の氷帽は拡大している」

「NASAの最新衛星データが、地球温暖化に伴う極地の氷帽の急激な融解を示す」


斎藤ヒカルさんは、職場で新商品のマーケティングの企画チームに入りました。

さっそく来週までに、エコ商品に関連する情報の収集をしなくてはなりません。

企画リーダーからの要望の1つに、「地球温暖化の現状を生々しくあぶり出すような例をいくつか集めてほしい」とあるので、北極や南極などの大きな氷（氷帽）に目をつけて情報収集を始めました。

そこですぐに、冒頭の2つの記事の見出しに出くわします。


（えっ、一体どっちを信じたらいいの?）

わからないので、とりあえず砂漠化や異常気象の頻度など、違うトピックに当たりをつけますが、どれも同じように相反する主張が出てきてしまいます。

これでは指示された情報収集が進みません。

さあ、どうしたものでしょうか？


目まぐるしく情報が飛び交う現代社会。既存のメディアに、ニュースサイト。YouTubeチャンネルにブログ。おびただしい量のニュースが毎日生み出され続けています。

最近では、若者を中心にニュースの情報源がSNSに移りつつあるとも言われています。

情報メディアからのネタがSNSでシェアされて、意見やコメントも交えながら拡散される。そうして生まれた情報を私たちはインプットしているわけです。


そうした状況の中で、私たちが日々目にする情報の中には、全くのウソが紛れ込んでいることも少なくありません。

完全なウソでなくても、誇張や不正確な表現は日常茶飯事で、冒頭の斎藤さんのように、完全に相反するような情報だって簡単に見つかります。

そんな中で、私たちは一体どうしたらインプットする価値のある情報を見つけ出すことができるのでしょうか？

もちろん、これは今に始まった問題ではありません。新聞でもTVでも論文でも、目に入ってくる情報をしっかりと吟味する姿勢は昔から常に求められてきました。

しかし、**情報メディアが急速に多様化する現在、効果的に情報の信憑性を評価する力がこれまで以上に求められている**のです。

雑誌に新聞、ウェブやSNS、大きなメディアや小さなメディア、右寄り、左寄り。玉《ぎょく》石混交《せきこんこう》の情報時代に、インプットすべき情報を嗅ぎ分ける方法を、この章で説明していきます。

インプット前に目的を設定すると4つ得する

情報を探そうと思ったとき、最初に何をすべきでしょうか。

それは、すでにこの本の中で何度も登場してきたことです。そう、インプットの目的を設定することが、良い情報を嗅ぎ分けるためにも第一歩になります。

なぜ自分がインプットをしようとしているのか？　その目的は何なのか？　情報を探し始める前に、はっきりさせておきましょう。

この本の第2章で、【目的設定】することで、メタ認知によってインプットのクオリティーがアップすると解説しました（62ページ参照）。

さらに、第5章では、ＳＭＡＲＴとＣＡＲの2つの目標でパフォーマンスが上がり、モチベーションを維持することができるともお話ししました（１６５ページ参照）。

つまり目的の設定は、「メタ認知によるインプットのクオリティーのアップ」「パフォーマンスのアップ」「モチベーションの維持」の３つを同時に得ることができるのです。そしてさらにもう１つ、情報の良し悪しを判断するのにも効果的です。

しかし、情報の信憑性の評価に【目的設定】が肝心だということは、なかなかピンと来ないかもしれません。

なぜなら、結局のところ情報は本当かウソかの2択であり、自分の目的によって情報の良し悪しが変わるわけではなく、目的を設定しても結局は、インプットしようとしている情報を見ないことには何とも言えないように思えるからです。

情報を実際に見る前から、目的を意識することが、なぜそれほど大事なのでしょうか？

確かに、情報の真偽自体は【目的設定】に左右されるものではありません。

極地の氷帽に関する情報収集の目的が「エコ商品の宣伝の一部で使う情報を短期間で集める」であろうが、「1年後の温暖化国際会議で発表する論文に引用する」であろうが、「温暖化に無知な父親に具体例を今すぐ見せてあげたい」であろうが、極地の氷帽に関する事実は1つです。

事実は事実。情報収集の目的が違うからといって、極地の氷帽が小さくなったり大きくなったりするわけではありません。

それでも【目的設定】が情報の評価に重要なのは、情報の真偽を完全に確認するのに、しばしば大変な労力を要するからです。

それだけではありません。明らかにされている情報だけでは真偽を完全には判断できないようなことも多々あります。

インプットする情報を探す際、毎回時間と労力を十分にかけて、完全に真偽を確認できればそれに越したことはありませんが、現実的に、そうすることは叶わないのです。

そこで、【目的設定】が大切になってきます。

自分の最終的な目的を改めて確認した上で、どの程度の情報評価が必要なのか、情報収集にどれくらいの時間を割けるのかを考える必要があります。

例えば、自分の父親に伝える目的で簡単な調べものをするなら、スマートフォンでざっと確認するくらいでいいかもしれません。もし仮に後で間違っていることに気づいても、すぐに訂正できて、取り返しがつきやすいでしょう。

一方で、商品の宣伝に使う情報であれば、もう少し注意が必要です。誤った情報を使ってしまっては、商品や会社のイメージに影響が出てしまいます。

しかし、その情報もエコ商品の宣伝でチラ見せする程度の使い方であれば、国際会議での発表のためのリサーチほどには、時間と労力をかけて情報を吟味する必要はないかもしれません。

これはある種、悲しい現実ではあります。しかし、特に現代の情報社会においては、どんな情報収集にも共通する現実です。

私たちが手にする情報には、信憑性が高いものもあれば、低いものもある。そして、それを毎回完全には確認できない。信憑性が高いものであっても、最終的には間違っていたということだってよくあることなのです。

そうした前提をしっかりと意識して、自分の目的に合わせて、どの程度情報を吟味することができるのかを判断することが大事です。

だからこそ、限られた時間でインプットする情報の質と量を最大化するためには、【目的設定】が欠かせないのです。

情報の信憑性を判断する基本チェックリスト

さて、【目的設定】をした上で、自分が見つけた情報を実際にどのように判断したらいいかを見ていきましょう。

まずは、【基本チェックリスト】です。次の4点をチェックしましょう。

◯**書いた人物**：その情報を書いたのは誰なのか？
そのトピックをしっかりと語れる専門家と言えるような経歴はあるか？

◯**文献**：数字や主張の出どころが明記されているか？
参考文献や他の資料はリストアップされているか？

◯**日付**：いつ書かれた記事なのか？

タイムリーな情報を提供しているか?

○発信元：どんな会社や団体が発表したものなのか?
内容との利害関係はないか?


4つ目の「発信元」については、もう少し解説を加えておきましょう。

まず、その情報が出版社、新聞社、テレビ局など既存の情報メディアから発信されているものであれば、一定の情報チェックのプロセスを経ていると想定することができます。

もちろんそれだけでは完全に信憑性のある情報であるとは限りませんが、特定の個人の全くの思い込みによる発信ではないことがわかるので、ある程度の情報の質を担保するための基準にはなります。


また、利害関係についても意識しておくことが重要です。

例えば､高血圧の薬を認可しようとする製薬会社が､薬の作用に関する研究をバックアップしていたとしましょう。

その研究の結果、その薬を飲んだ人は血圧が下がりやすいという結論が出たという情報が発信されていたとします。

きちんとした研究の成果かもしれませんが、利害関係があることは明らかなので、情報の信憑性という観点からは、他よりも疑ってかかったほうがいいでしょう。

このように、インプットを行う際には、ニュース記事や情報源を【基本チェックリスト】を使って評価する習慣をつけることが大切です。

クリアできた点がなかったり、１つか２つだけの場合には、いつもよりさらに疑ってかかる必要があります。

とはいえ、短い時間でリサーチをしなくてはいけないときなど、いつも【基本チェックリスト】をクリアした情報だけをインプットできるとは限りません。

自分の目的に合わせて、どの程度の項目をクリアすべきかを判断することが大切です。

【目的設定】と【基本チェックリスト】は、情報の信憑性を判断するための基本の「き」です。

インプットを始める前にやるべき習慣として、しっかり意識しておきましょう。

インプット中に目についたら怪しむべき「過激表現」

次に、インプットを始めてから意識すべき点についてです。

実際に情報をインプットし始めると、さらに多くの手がかりを参考に、信憑性を判断することができます。

次のような言葉や、似たような「過激表現」が出てきたら、注意が必要です。

・「絶対に、〇〇〇」
・「知らないと危険！」
・「みんなが思っている」
・「ジョブズによると、〇〇〇」

まず、「絶対に、〇〇〇」は「断言」してしまう表現です。しかし、世の中は期待するほどシンプルではなく、何事につけても「絶対」と断言することはなかなか容易ではありません。

しっかりとした文献や参考資料を提示した上で、結論を強調する目的ならばまだしも、根拠のない**断言がいくつも見え隠れする情報源には注意が必要です。**

次に、「知らないと危険！」の類いです。こちらは、「脅し」や「煽《あお》り」の表現です。「○○しないと、△△になってしまう！」なども同様です。

何かを目的に、読者を脅したり、不安や恐怖を煽って情報を信じさせたりしようとしているのかもしれないので、気をつける必要があります。

「みんなが思っている」も、「脅し」や「煽り」に使われることがあります。そもそも「みんな」が同じように思っていることなどなかなかありません。

また、「脅し」や「煽り」でなかったとしても、「誇張」になっていることがしばしばあります。

知り合いの数人がそう思っているだけなのに、そこから**誇張して「みんなが思っている」と展開する、そんな論法を使っているような記事は疑ってかからなくてはいけません。**

最後に、「ジョブズによると、○○○」などの頻発にも要注意です。

これは少し意外かもしれません。「ジョブズによると」とくれば、情報源を明らかにしているようにも見えるからです。

しかし、ポイントは「ネームドロップ」。関連した研究や資料を提示するのではなく、有名人の名前をやたらと出して、それらしく語っているようなものは、怪しんでかかったほうがいいでしょう。

「ジョブズは」「大谷翔平は」「エジソンは」「ガンジーは」などと、「有名人の名前」を連発しているような内容には、十分に注意を払いましょう。

インプット中は、意外にもこれらの過激表現に気づきにくかったりします。【過激表現チェック】は、情報の信憑性を判断するための基準として、日頃からしっかりと意識しておきましょう。

「言ったきり」の主張はマークすべし

また、「過激表現」でなくても、**根拠のない「言ったきり」の主張が多いものにも注意**

が必要です。

まずは「鍵となる主張に根拠は提示されているかどうか」、根拠が提示されているならば、「どんな根拠が示されているか」、この2点をしっかりと見極める必要があります。

例えば、「携帯電話の電波は脳細胞を壊す」という主張だけ「言ったきり」にして、その根拠はまったく示さないような記事があったりします。このような記事には注意しなくてはいけません。

そうした主張であれば、もとになる文献を引用していたり、少なくとも、どのようにして携帯の電波が脳細胞を壊すのかのメカニズムを説明したりしていなければ、インプットの情報源として信憑性があるとは言えないと判断していいでしょう。

特に、常識をくつがえす主張に根拠がない場合は厳重に警戒する必要があります。

また、主張の根拠についても良し悪しがあります。

文献が示されている場合、【基本チェックリスト】でもお伝えしましたが、**文献がしっかり引用されているか否かだけでも、その主張の信憑性を判断する1つの大きな物差し**となります。もちろん、より確実にチェックするためには、その文献自体の評価が必要にはなりますが、その情報を発信している人が、文献を載せるという手続きを踏んだということとだけでも、その情報の信憑性の大きな手がかりになってきます。

それから、文献がはっきりと示されていない場合でも、主張の根拠がどこから来ているかについて触れている場合もあります。その場合には、**示されている根拠の出どころが特定しやすいかどうかで、その主張の信憑性を判断しましょう。**

例として、冒頭の例を詳しく見てみましょう。

「科学者グループによると、地球温暖化は誤りで、極地の氷帽は拡大している」

「NASAの最新衛星データが、地球温暖化に伴う極地の氷帽の急激な融解を示す」

前者は「温暖化は誤り」ということですが、「科学者グループ」が誰のことを指すのかさっぱりわからず、極地の氷が増えているという主張のもとになる研究などを特定するのは難しいでしょう。

一方、後者は研究機関が「NASA」で、「最新衛星データ」による情報であると具体的に述べているので、前者と比べて根拠となる情報源を特定しやすいはずです。

つまり、この2つの見出しを見るだけでも、後者のほうが信憑性が高いと推測できるのです。

また、主張の根拠は説明されているけれども、その出どころが全く示されていないパターンもあります。

いかに根拠の説明がそれらしいものであっても、出どころが示されていない場合は、さらなるチェックが必要です。

主張だけがあって、その理由も根拠も全く示されていない場合よりはいいかもしれませんが、それらしいものこそ疑ってかからなくてはいけません。

このように、根拠の出どころの有無とその特定のしやすさによって、記事や主張の信憑性を判断することができます。

信憑性は次の順番で下がっていくので注意しましょう。

1. 文献が出ている

↓

2. 根拠の出どころが特定しやすい

3．根拠の出どころが特定しにくい
←
4．根拠の出どころがなく説明だけ
←

【出どころ特定】の基準として、インプットするときには常に意識しておきましょう。

タイトルや見出しが信憑性の鍵

さらに、情報源のタイトルや見出しからも情報の信憑性を判断することができます。

タイトルや見出しが、実際の本文の内容と一致しているかをチェックしましょう。

次の見出しとそれに続く本文を読んでみてください。

革命的ＡＩ、会話の未来を創造！　ＣｈａｔＧＰＴの驚異の可能性に迫る

ＯｐｅｎＡＩがつくったＣｈａｔＧＰＴは、人工知能（ＡＩ）の新しいツールです。このツールは、会話ができるようにつくられていて、さまざまな話題について自然に答えることができます。ＣｈａｔＧＰＴは多くの本やインターネットの文章の内容を吸収し、学習しています。そのため、以前のＡＩよりも賢く、人間のように話ができるのです。

例えば、宿題の質問に答えたり、新しいゲームについて話したりすることもできます。また、物語や詩をつくることもできます。

ＣｈａｔＧＰＴは、多くの情報を学んでいるため、さまざまなことについて詳しく教えてくれます。

見出しには「驚異の可能性に迫る」とありますが、いざ読んでみると、本文はＣｈａｔＧＰＴに関する大まかな説明でしかありません。

ＣｈａｔＧＰＴを使って、標準的な機能以外にどんなことができるかについては全く書かれていません。

つまり、見出しにある「驚異の可能性」に言及している箇所がなく、見出しと本文の内容が大きく食い違ってしまっているのです。

このような場合には、その情報源全体の信憑性も怪しくなります。いつも以上にもとになる文献や根拠の出どころのチェックをして、信憑性を確かめる必要があるでしょう。

こうした点から、【見出しチェック】も、情報の信憑性を判断する上で非常に重要なポイントの1つであると言えます。

他の人の評価を4段階で確認

それでは、情報の信憑性をさらにチェックしていく場合にはどうしたら良いのでしょうか？

これまでのチェックポイントは、インプットしようとしている情報源だけを見て判断できるものでした。

書いた人物、文献、日付、発信元のチェックや、過激表現や根拠、見出しと内容のマッチングなどは、全て読んでいる記事や見ている動画から判断できることです。

これらをチェックし終えて、さらにもう少し信憑性を確認する必要が出てきたら、リサーチの幅を広げなければいけません。

まずは、**インプットしようとしている情報について、他の誰かがすでにチェックや評価をしてくれているかどうかに注目しましょう。**

例えば、出版社から出されている本や、論文などのように査読プロセスを通ったものです。【基本チェックリスト】で発信元のチェックについて言及しましたが、発信元の中でも、新聞や既存メディアなど、報道機関のプロセスを経て出てきた情報は、信憑性が比較的高いと言っていいでしょう。

また、個々の専門家のコメントや評価なども参考になります。ニュース記事の中に専門家のコメントがあれば、それはすでにその専門家に評価された情報だと言えます。

最近では、ウェブ記事やSNSなどで、専門家の評価が簡単に見つかるので、参考にすることができます。その分野の複数の専門家が批判しているような情報には気をつけなくてはいけません。

一方で、一般ユーザーからの評価だけであったり、誰からも評価されていないようなニュースの場合は、さらなるチェックをする必要があります。

このように、自分がインプットしようとしている情報が、誰かにすでにチェックや評価されているかどうかを確認しましょう。

【他の人の評価】は、情報の信憑性を判断するための第一関門です。

1. 報道機関や出版社：しっかりとした情報チェックのプロセスが見込めるところから発信されている情報は、そうでない情報よりも高い信憑性が見込めます。

2. 専門家の評価やコメント：その分野の専門家の評価やコメントで、信憑性を判断できます。

3. 一般ユーザーの評価：一般の人たちがどのように評価しているかも参考にすることができます。ただし、1や2ほどは当てにならないかもしれません。

4. 評価なし：他の人からの評価がない場合は、その他の方法で情報の真偽を判断しなくてはなりません。

以上のような4段階のうち、どれに当てはまるかを考えます。

1か2であれば、まずは、それなりの信憑性が見込めますが、3か4の場合はさらなるチェックがマストになってくるでしょう。

もちろん、1や2であるからといって、それらが完全に正しい情報かどうかはわかりません。

そのため、自分のインプットの目的から、より信憑性に確信を持ちたい場合は、この後に解説する次のステップに進みましょう。

ただ、情報収集の目的によって、さらに吟味する時間がない場合には、3や4の場合を切り捨てて、1と2の情報に絞ってインプットしていく必要があるでしょう。

インターネットでできる簡単情報裏付けチェック

信憑性の判断に、より確信を持ちたい場合には、また別の情報源を使って裏付けをとることが必要になってきます。

とはいえ、インプットしようとする全ての情報の裏付けをいちいちチェックしてはいられない場合がほとんどでしょう。

一方で、自分のインプットの目的の鍵となる主張に関して、確実に正しい情報を確保したい場合には、裏付けチェックが肝心になってきます。

裏付けチェックの基本は、賛成の意見と反対の意見の分布をチェックすることです。

例えば、冒頭の温暖化の例で言えば、極地の氷についての意見に対する賛成・反対の意見の分布をチェックします。

もちろん、論文や研究結果などに直接アクセスして、意見の分布を見てみた上で、どちらが優勢かをチェックするのが正攻法ではありますが、専門知識がなければ論文を読むのは難しく、また、そうした作業に費やす時間が十分にないこともあるかもしれません。

そうした場合でも、簡単なインターネット検索で、全体像をある程度把握することは可能です。

何事にも、賛成と反対の意見がありますが、それらがそれぞれどのような意見なのか、また、どれほどの頻度で出てきているのかを全体的に把握することがリサーチの基本になります。

まず、賛成側の意見と反対側の意見の両方について、関連するウェブサイトを検索しましょう。
例えば、冒頭の温暖化と極地の氷帽に関する仮設の場合、「極地」「氷」「減る」などと入れれば、極地の氷が減っていることについて、「極地」「氷」「増える」と入れれば、極地の氷が増えていることについて、それぞれの意見を載せたウェブサイトが多数出てきます。

両方の検索結果を数分かけてざっくりと見ていきましょう。

私が実際に「極地」「氷」「減る」で検索をしてみたところ、最初の5つの検索結果は全て、極地の氷が減っていることを主張し、根拠を示していたもので、発信元は名の知れた研究機関や、メジャーなニュースメディアでした。

一方で、「極地」「氷」「増える」と調べてみると、トップの検索結果こそは極地の氷が増えていると主張してはいたものの、2つ目以下は「極地の氷が増えている」という主張に反論するもので、根拠も示されていませんでした。

たった2回の検索と数分のチェックで、「極地の氷が減っている」ことが、意見としてだいぶ優勢で、多くの研究機関やニュースメディアから関連情報が発信されていることがわかりました。

この【賛否検索チェック】で、より信憑性の高いほうの意見を割と簡単に特定することができます。

しかしもちろん、意見の数が多いほうが必ずしも正しいとは限らず、また、事実として、賛否が真っ二つに分かれていて未だ真偽の見通しがつかないというような場合もあります。インターネットを使って賛成と反対の意見を検索する際には、常に次の3つの点に注意しましょう。

○**【基本チェックリスト】で評価**：それぞれの検索結果の、書いた人物、文献、日付、発信元などをチェックしましょう。個人のブログや非専門的な団体の発信しか出てこない場合、信憑性が高いとは言えないことが多いでしょう。信憑性の高い検索結果が多いほうの意見が優勢です。

○**情報源の独立性**：いくつも検索結果がヒットしても、同じ文献や同じ研究機関の情報源が根拠になっている場合があります。違う論文や違う研究機関からの研究結果など、複数の異なる独立した情報源がある場合には信憑性が高まります。

○**賛否両論あり：**賛否両論あって真偽がわからないという可能性も受け入れましょう。反対の意見が多く見られる場合などでも、つい自分のもともとの意見に寄ってしまったりしないように注意が必要です。また、自分の意見をサポートするようなエビデンスばかり集めず、反対意見の信憑性も認めましょう。その上で、決着がついていないようであれば、そのことを知ること自体が有意義なインプットになります。

意見の分布は生成ＡＩツールに聞くべし

また、**賛否の意見分布をＣｈａｔＧＰＴなどの生成ＡＩツールを使って調べるのもおすすめです。**

自分が好きなツールを使って構いませんが、現在のウェブページの検索結果などを取り込めるものを使いましょう。

ご存じのように、ＣｈａｔＧＰＴなどの生成ＡＩツールはある時点までの情報をベースにトレーニングされており、最新の時点での情報がベースになっているものではありません。

そのため、現在のことについて質問したりすると、全くの誤情報でありながら非常にそれらしく返答をしてくる可能性があります。俗に言う「ハルシネーション」と呼ばれる現象です。

そのため、ニュースなどの時事性の高い情報を扱うときには、最新の情報を検索しながら答えてくれるツールを選択することがおすすめです。

例えば、ＧＰＴベースのＣｏｐｉｌｏｔ（コパイロット）という生成ＡＩツールを使ってみるのもいいでしょう。

実際に、Ｃｏｐｉｌｏｔに次のような質問をしてみました。

極地の氷が増えているという意見と、減っているという意見は、どちらが優勢ですか？

すると、このような答えが返ってきました。

南極域の海氷面積は、観測史上最小を記録しています。2022年2月20日に、1978年の衛星観測開始以来の最小値を更新しました。国立極地研究所と国立研究開発法人宇宙航空研究開発機構（ＪＡＸＡ）は、北極域研究加速プロジェクト（ＡｒＣＳⅡ）の一環で、水循環変動観測衛星「しずく」（ＧＣＯＭ-Ｗ）の観測データをもとに、南極・北極の海氷面積の時間的・空間的な変化を可視化し、北極域データアーカイブシステム（ＡＤＳ）のウェブサイトで公開しています。[a]

具体的には、２０２１年９月頃までは海氷面積の顕著な減少は見られていませんでしたが、10月頃から徐々に減少傾向が見られ、２０００年代以降としては史上３番目程度の小ささで推移していました。年明け以降も減少傾向が継続し、２０２２年２月20日に２１２・８万㎢となり、[b] 年間を通じての観測史上最小値を更新しました。[a]

一方、北極域の海氷は長期的に減少しており、特に年最小値は顕著な減少が見られています。北極海の海氷は、気候変動の影響を受けており、その変化を理解するためにさまざまな研究が行われています。[b][c]

総じて、南極域の海氷は減少しており北極域の海氷も減少傾向にあります。[d]

ちなみに、「a」の文献は国立極地研究所、「b」と「c」は気象庁、「d」はナショナルジオグラフィックからのものです。すでに、だいぶ信憑性が高いと言えますが、それ以

外の関連ページもいくつか出してくれました。

この返答では反対意見について触れられていないので、次のように追加質問してみることにしました。

極地の氷が減っているということに反対しているサイトをリストアップしてください。

すると、こんな答えが返ってきました。

南極域の海氷面積が観測史上最小を記録していることは、科学的な観測データによって確認されています。国立極地研究所と国立研究開発法人宇宙航空研究開発機構（JAXA）は、北極域研究加速プロジェクト（ArCS II）の一環で、水循環変動観測衛星「しずく」（GCOM-W）の観測データをもとに、南極・北極の海氷面積の時間的・空間的な変化を可視化し、北極域データアーカイブシステム（ADS）のウェブサイトで公開しています。

具体的には、2021年9月頃までは海氷面積の顕著な減少は見られていませんでしたが、10月頃から徐々に減少傾向が見られ、2000年代以降としては史上3番目程度の小ささで推移していました。年明け以降も減少傾向が継続し、2022年2月20日に212・8万㎢となり、年間を通じての観測史上最小値を更新しました。

このような科学的なデータに基づく結果から、南極域の海氷は減少していることが明らかです。また、北極海の海氷も長期的に減少しており、特に年最小値は顕著な減少が見られています。

総じて、南極域の海氷は減少しており、北極域の海氷も減少傾向にあります。これに対して反対意見を主張しているサイトは、現在の科学的知見に基づいていない可能性が高いです。科学的なデータと研究成果をもとに議論を深めることが重要です。

こう答えた上で、東京大学と国立極地研究所のサイトから、反対意見への反論の論文が引用されていました。

このように、生成ＡＩツールに賛成意見と反対意見の両方に関して「ウェブサイトをリストアップして内容を要約して」などと聞くと、【賛否検索チェック】の要領で両方の意見分布をより簡単に調べることができます。

生成AIツールの答えを評価するために意識しておくべきこと

さて、このCopilotの返答をよく読んでみると、私は反対意見について聞いたのに、極地の氷の減少についての賛成意見から答えが始まっています。

「南極域の海氷面積が観測史上最小を記録していることは、科学的な観測データによって確認されています」

と答えてから、その根拠を並べて、一段落目を終えているのです。

この部分を読むだけでも、極地の氷が減っているという意見についての賛否の分布が、相当に賛成側に寄っているということが推測できます。

なぜならば、Copilotのような生成AIツールは、これまで発表された論文や書籍などの文献から抽出した膨大な量の情報を使って、トレーニングされているからです。

そうした巨大なデータベースから、確率的に一番もっともらしい答えをピックアップするようにデザインされています。

つまり、反対意見を頼んだにもかかわらず、賛成意見の解説から始まり、その後も「反対意見を主張しているサイトは、現在の科学的知見に基づいていない可能性が高い」などとしていることからして、圧倒的に賛成意見のほうが多いということが推測できます。

このように、**生成AIツールの答えを解釈・評価しようとするときには、ツールの特性をよく理解しておくとより分析がしやすくなります。**

そういった意味では、先ほども触れたハルシネーションには十分注意しなくてはいけません。

どれだけもっともそうに見える主張でも、ＣｈａｔＧＰＴなどの生成ＡＩツールが出力することは、常に誤っている可能性がある。それは肝に銘じておかなくてはなりません。急速な進化で、精度がみるみる上がってきてはいるものの、誤った情報を主張する可能性とは常に隣り合わせなのです。

そして、ハルシネーションが起こるのは、ＣｈａｔＧＰＴが参照していない現在についての情報だけに限らないことも押さえておいてください。

例えば、ものすごく専門的な用語だったり、あまり世間で知られていない人の名前などの固有名詞。

超専門用語や誰も知らないようなことは、ＣｈａｔＧＰＴがベースとしている大規模言語モデル（ＬＬＭ）に必要な情報が参照されていないため、ハルシネーションが起こりやすいのです。

もちろん、バージョンアップした最新のＣｈａｔＧＰＴは、関連情報を持っていなければ、多くの場合で、「わからない」と言ってくれるようになってはくれました。しかしそれでも、知っている人があまりに限られるような、ニッチなことを聞くことで、ハルシネーションを誘発してしまいかねません。

また、意味がはっきりしない曖昧なことを聞いたり、相反するような主張を混ぜて聞いてしまったりするのも避けましょう。

そのためＣｈａｔＧＰＴなどの生成ＡＩツールで賛否の意見の分布を調べるときには、ハルシネーションのことも考えて、それぞれの主張に文献とともに全体の意見の分布を聞くのがより確実です。

必要ならば生成ＡＩツールが出してくれた文献で信憑性をチェックできます。

また、意見分布の文脈として、生成ＡＩにそのトピックの専門家の役割を与えて、その上で質問をすると、より良い答えが返ってきます。

例えば、次のように聞くと、より確実に意見の分布に関するレスポンスが返ってくるでしょう。


あなたは温暖化の専門家です。極地の氷が増えているという意見と、減っているという意見はどちらが優勢ですか？　参考文献を見せながら論じてください。

ツールが悪いのか？　使い方が悪いのか？

さて、ＣｈａｔＧＰＴなどの生成ＡＩツールをあまり使ったことのない人が、「まだまだ」とその機能を過小評価することがしばしばありますが、多くの場合、数問質問してその回答の質を見て断言してしまっているようです。

しかし、それではあまりにももったいない。ＣｈａｔＧＰＴやＣｏｐｉｌｏｔが思ったような答えをしない場合、まずは、聞き方が悪いと思って間違いないでしょう。

生成ＡＩは優秀なアシスタントですが、リクエストの文脈や指示を明確にしておかないとその力を発揮してくれません。

そのため、まさに「プロンプト・エンジニアリング」と言われるように、生成ＡＩへの指示であるプロンプト（入力者の指示や質問）を、知恵を使ってうまく作り上げないと、思ったようなレスポンスが返ってこないのです。

宇宙から来た優秀なお手伝いさん、というようなイメージで、手取り足取り文脈を教えてあげたり、指示をしてあげたりするように意識しましょう。

同様に、一旦生成ＡＩにリクエストを出してみて、あまり思うような答えが返ってこない場合に、すぐにあきらめてしまってはいけません。

ＣｈａｔＧＰＴやＣｏｐｉｌｏｔなどはチャットのツール。一旦、リクエストして、思うような答えが出てこなければ、どこがどう悪かったかを指摘して、さらに明確な指示を出してみましょう。

例えば、先ほどの北極の氷帽についての意見の分布に対するＣｏｐｉｌｏｔと私のやりとりを思い出してください。

氷が減っているという意見と増えているという意見の「どちらが優勢ですか？」と聞いたのに、Copilotのレスポンスは、北極の氷が減っているという優勢意見しか述べていませんでした。

意見の分布の全体像が知りたかった私は満足せずに、念押しで「極地の氷が減っているということに反対しているサイトをリストアップしてください」と食い下がりました。すると、ほんの少し反対意見に言及して、「反対意見を主張しているサイトは、現在の科学的知見に基づいていない可能性が高いです」と再確認してくれ、反対意見への反論の論文を押してくれたのでした。

これによって私も、よほど「氷が減っている」が優勢なのだろうと推測したのでした。

生成AIツールを使うときには、プロンプトが肝心。自分の求めるアウトプットがうまく得られないからといって、1つの質問やリクエストであきらめてはいけません。チャット機能を活かす形で、より明確な文脈や指示を足して、自分が得たいアウトプットが得られるように、試行錯誤してみましょう。

AI時代の情報の良し悪しのチェック方法

最後に、この章で解説した、情報の良し悪しのチェック方法についてまとめておきましょう。

○**【目的設定】**なぜ自分がインプットをしようとしているのか？　その目的は何なのか？情報を探し始める前に、インプットの目的を設定・意識する。

○**【基本チェックリスト】**書いた人物、文献、日付、発信元をチェックする。

○**【過激表現チェック】**断言、脅し、煽り、誇張、ネームドロップに注意する。

○**【出どころ特定】**文献の有無を確認する。文献の記載がない場合でも、根拠が特定できる記述がないかチェックする。

○**【見出しチェック】**見出しと本文の内容が一致していない場合は信憑性も危うい。

○**【他の人の評価】**報道機関や出版社がチェックしているか、専門家の評価があるかをチェックする。

○**【賛否検索チェック】**賛成意見と反対意見を検索して、意見の分布をチェックする。ChatGPTなどの生成AIツールも便利。

玉石混交の情報時代だからこそ、自分で情報の良し悪しを嗅ぎ分けるスキルを身につけなくてはいけません。

目の前にある情報を常に評価する姿勢で、インプットに臨んでいきましょう。

第6章 まとめ

POINT

- ☑【目的設定】をしてインプットする情報の質と量を最大化する
- ☑ まずは「書いた人物」「文献」「日付」「発信元」で情報の信憑性をチェックする
- ☑「過激表現」に要注意
- ☑ 主張の根拠の出どころを確認する
- ☑ タイトルや見出しと内容が合っているかをチェックする
- ☑ 他の人の評価も確認する
- ☑ 意見の分布は生成AIツールを活用すると便利

生成AIツールについて

——生成AIツールへの質問は具体的にする

——賛成意見と反対意見については、「ウェブサイトやリストアップして内容を要約して」などのように聞くと良い

——生成AIツールはある時点までの情報をベースにしており、最新の情報がベースになっていない点に注意

——ツールの特性をよく理解した上で、ハルシネーションに注意する

おわりに

この本を最後まで読んでいただきありがとうございます。

今の時代はたくさんの情報があふれており、あふれる情報をインプットする方法もあふれています。

何かを調べたり学んだりするとき、何からどう始めるべきなのか。

そんな切実なお声を頂戴する中で、あさ出版様から機会をいただき、最新の研究や実践を織り交ぜながら、この本を書かせていただきました。

大学までに必要な学びを身につけて、その後は現場でバリバリ働く。自分の分野でひたすら経験を身につけて、それを糧に身を立てる。そうしたイメージが割と成り立っていた時代は、もうすでに遠く向こうのような気がします。

「生涯学習」と言えば、定年後などに学問の喜びを見つけて、第二の人生を謳歌するためのものというイメージがあったりもしますが、このＶＵＣＡ（Volatility／変動性、Uncertainty／不確実性、Complexity／複雑性、Ambiguity／曖昧性）の時代、常に新しい情報やスキルをどんどんインプットしていかなければ、生き抜いていくことはできません。

常にテクノロジーは刷新され、価値観は生まれ変わり、今まで知らなかったことを学び、できなかったことができるようにならないと、心地良い生活ができなくなっています。

つまり、現代に最も必要なスキルは「インプットする力」。まさにこの本のテーマなのです。

その力を効率的に身につけて、科学の力で研ぎ澄ましていくことをサポートするのが、この本の最大の目的でした。

どうぞ、全てやろうとはせずに、少しでも良さそうだと思ったところから、地道に始めてみてください。その上で、少し慣れてきたらもう１つ２つと、自分のインプット習慣に取り込んでいってみてください。

そうすることで必ずインプットの効率が上がり、インプットの効果を実感することができるはずです。きっと、最新の脳科学と心理学の力を、存分に味わっていただけるのではないかと思います。

この本が現代を生きるビジネスパーソン、親御さん、学生さん、どなたかの生き抜く力につながることほど筆者冥利に尽きることはありません。

最後に、この本を隅々まで根気強く編集していただいた李美和さん、そして、企画プロデュースの長倉顕太さん、マネージメントの後藤求さん、それから、株式会社未来教育研究所のチームの皆様、いつも温かいサポート、ありがとうございます！

私自身、この本を執筆させていただき、心の三大欲求の満足度が爆上がりです。効果的なインプット習慣で、読者の皆様の心の三大欲求がさらに大満足になりますように、切に願っております。

青空の向こう側スタンフォードより

星　友啓

80. Kasser T., Ryan R.M. (2001). "Be careful what you wish for: Optimal functioning and the relative attainment of intrinsic and extrinsic goals." In P. Schmuck & K. M. Sheldon (Eds.), Life goals and well-being: Towards a positive psychology of human striving (pp. 116–131). Hogrefe & Huber Publishers: U.S.A.

81. Locke E.A., Latham G.P. (2002). "Building a practically useful theory of goal setting and task motivation: A 35-year odyssey." American Psychologist, 57(9):705–717.

82. Vansteenkiste M., Simons J., Lens W., Soenens B., Matos L., Lacante M. (2004). "Less is sometimes more: Goal content matters." Journal of Educational Psychology, 96(4):755–764.

83. Davis W.A, Kelley N.J, Kim J., Tang D., Hicks J.A (2016). "Motivating the academic mind: High-level construal of academic goals enhances goal meaningfulness, motivation, and self-concordance." Motivation and Emotion, 40:193-202.

71. Bluck S., Li K.Z.H. (2001). "Predicting memory completeness and accuracy: Emotion and exposure in repeated autobiographical recall." Applied Cognitive Psychology, 15:145-158.

72. Levine L.J., Pizarro D.A. (2004). "Emotion and Memory Research: A Grumpy Overview." Social Cognition, 22:530-554.

73. Ryan R.M., Deci E.L. (2017). Self-determination theory: Basic psychological needs in motivation, development, and wellness. The Guilford Press: U.S.A.

74. Clark I., Dumas G. (2015). "Toward a neural basis for peer-interaction: what makes peer-learning tick?" Frontiers in Psychology, 6:28.

75. Dehaene S. (2020). How We Learn: Why Brains Learn Better Than Any Machine . . . for Now. Viking: U.S.A.

76. Murayama K., Izuma K., Aoki R., Matsumoto K. (2016). "'Your Choice' Motivates You in the Brain: The Emergence of Autonomy Neuroscience. "Recent Developments in Neurosciene Resarch on Human Motivation(Advance in Motivation and Achievement), 19:95-125. Emerald Group Publishing Limited:Leads

77. Kasser T., Ryan R.M. (1993). "A dark side of the American dream: Correlates of financial success as a central life aspiration." Journal of Personality and Social Psychology, 65(2):410–422.

78. Kasser T., Ryan R.M. (1996). "Further Examining the American Dream: Differential Correlates of Intrinsic and Extrinsic Goals." Personality and Social Psychology Bulletin, 22(3):280-287.

79. Williams G.C., Cox E.M., Hedberg V.A, Deci E.L. (2000). "Extrinsic life goals and health-risk behaviors in adolescents." Journal of Applied Social Psychology, 30:1756-1771.

61. Karpicke J.D., Blunt J.R. (2011). "Retrieval practice produces more learning than elaborative studying with concept mapping." Science, 331(6018):772-775.

62. Nadel L., Hupbach A., Gomez R., Newman-Smith K. (2012). "Memory formation, consolidation and transformation." Neuroscience & Biobehavioral Reviews, 36(7):1640-1645.

63. Roediger H.L.III., Putnam A.L., Smith M.A. (2011). "Ten benefits of testing and their applications to educational practice." Psychology of Learning and Motivation, 55:1–36.

64. Arnold K.M., McDermott K.B. (2013). "Free recall enhances subsequent learning." Psychonomic Bulletin and Review, 20(3):507-513.

65. Zaromb F.M., Roediger H.L.III. (2010). "The testing effect in free recall is associated with enhanced organizational processes." Memory & Cognition, 38:995–1008.

66. Karpicke J.D., Blunt J.R. (2011). "Retrieval practice produces more learning than elaborative studying with concept mapping." Science, 331(6018):772-775.

67. Tauber S. K., Witherby A. E., Dunlosky J., Rawson K. A., Putnam A. L., Roediger H. L. III. (2018). "Does covert retrieval benefit learning of key-term definitions?" Journal of Applied Research in Memory and Cognition, 7(1):106–115.

68. Rowland C.A., DeLosh E.L. (2014). "Benefits of testing for non-tested information: Retrieval-induced facilitation of episodically bound material." Psychonomic Bulletin & Review, 21(6):1516–1523.

69. Benjamin A.S., Tullis J. (2010). "What makes distributed practice effective?" Cognitive Psychology, 61:228–247.

70. Bahrick H. P. (1979). "Maintenance of knowledge: Questions about memory we forgot to ask." Journal of Experimental Psychology: General, 108:296–308.

51. Pastore R. (2012). "The effects of time-compressed instruction and redundancy on learning and learners' perceptions of cognitive load." Computers & Education, 58(1):641-651.

52. Menendez D., Rosengren K.S., Alibali M.W. (2020). "Do details bug you? Effects of perceptual richness in learning about biological change." Applied Cognitive Psychology, 34(5):1101-17.

53. Kellogg R.T. (2001). "Competition for Working Memory among Writing Processes." The American Journal of Psychology, 114(2):175-191.

54. Dunlosky J., Rawson K.A., Marsh E.J., Nathan M.J., Willingham D.T. (2013). "Improving Students' Learning With Effective Learning Techniques: Promising Directions From Cognitive and Educational Psychology." Psychological Science in the Public Interest, 14(1):4-58.

55. Rothkopf E. Z. (1968). "Textual constraint as function of repeated inspection." Journal of Educational Psychology, 59:20–25.

56. Verkoeijen P. P. J. L., Rikers R. M. J. P., Özsoy B. (2008). "Distributed rereading can hurt the spacing effect in text memory." Applied Cognitive Psychology, 22:685–695.

57. Fowler R. L., Barker A. S. (1974). "Effectiveness of highlighting for retention of text material." Journal of Applied Psychology, 59:358–364.

58. Kruger J., Dunning D. (1999). "Unskilled and unaware of it: how difficulties in recognizing one's own incompetence lead to inflated self-assessments." Journal of Personality and Social Psychology, 77(6):1121-1134.

59. Dunning D. (2005). Self-insight: Roadblocks and detours on the path to knowing thyself. Psychology Press:New York.

60. Roediger H.L.III., Karpicke J.D. (2006). "Test-Enhanced Learning: Taking Memory Tests Improves Long-Term Retention." Psychological Science, 17(3):249-255.

42. Wolf M.C., Muijselaar M.M.L., Boonstra A.M., et al. (2019). "The relationship between reading and listening comprehension: shared and modality-specific components." Reading and Writing, 32:1747–1767.

43. Ritzhaupt A.D., Barron A. (2008). "Effects of Time-Compressed Narration and Representational Adjunct Images on Cued-Recall, Content Recognition, and Learner Satisfaction." Journal of Educational Computing Research, 39(2):161-184.

44. Pastore R., Ritzhaupt A.D. (2015). "Using Time-Compression to Make Multimedia Learning More Efficient: Current Research and Practice." TechTrends, 59:66–74.

45. Cheng L., Pastore R., Ritzhaupt A.D. (2022). "Examining the Accelerated Playback Hypothesis of Time-Compression in Multimedia Learning Environments: A Meta-Analysis Study." Journal of Educational Computing Research, 60(3):579-598.

46. Ritzhaupt A.D., Gomes N.D., Barron A. E. (2008). "The effects of time-compressed audio and verbal redundancy on learner performance and satisfaction." Computers in Human Behavior, 24(5):2434–2445.

47. Ritzhaupt A.D., Barron A. (2008). "Effects of Time-Compressed Narration and Representational Adjunct Images on Cued-Recall, Content Recognition, and Learner Satisfaction." Journal of Educational Computing Research, 39(2):161-184.

48. Cowan N. (2008). "What are the differences between long-term, short-term, and working memory?" Progress in Brain Research, 169:323-338.

49. Cowan N. (2010). "The Magical Mystery Four: How is Working Memory Capacity Limited, and Why?" Current Directions in Psychological Science, 19(1):51-57.

50. Ritzhaupt A.D., Barron A. (2008). "Effects of Time-Compressed Narration and Representational Adjunct Images on Cued-Recall, Content Recognition, and Learner Satisfaction." Journal of Educational Computing Research, 39(2):161-184.

33. Bergouignan A., Legget K.T., De Jong N., et al. (2016). "Effect of frequent interruptions of prolonged sitting on self-perceived levels of energy, mood, food cravings and cognitive function." International Journal of Behavioral Nutrition and Physical Activity, 13:113.

34. Methot J.R., Rosado-Solomon E.H., Downes P.E., Gabriel A.S. (2020). "Office Chit-Chat as a Social Ritual: The Uplifting Yet Distracting Effects of Daily Small Talk at Work." Academy of Management Journal.

35. Felsten G. (2009). "Where to take a study break on the college campus: An attention restoration theory perspective." Journal of Environmental Psychology, 29(1):160-167.

36. Cheng D., Wang L.(2015). "Examining the Energizing Effects of Humor: The Influence of Humor on Persistence Behavior." Journal of Business and Psychology, 30:759–772.

37. Posner M.I., Rothbart M.K. (2007). Educating the human brain. American Psychological Association: U.S.A.

38. Mantua J., Spencer R.M.C. (2015). "The interactive effects of nocturnal sleep and daytime naps in relation to serum C-reactive protein." Sleep Medicine, 16(10):1213-1216.

39. Correa-Burrows P., Burrows R., Orellana Y., Ivanovic D. (2015). "The relationship between unhealthy snacking at school and academic outcomes: a population study in Chilean schoolchildren." Public Heath Nutrition, 18(11):2022-2030.

40. Dunlosky J., Rawson K.A., Marsh E.J., Nathan M.J., Willingham D.T. (2013). "Improving Students' Learning With Effective Learning Techniques: Promising Directions From Cognitive and Educational Psychology." Psychological Science in the Public Interest, 14(1):4-58.

41. Buchweitz A., Mason R., Tomitch L., Just M. (2009). "Brain activation for reading and listening comprehension: An fMRI study of modality effects and individual differences in language comprehension." Psychology & Neuroscience, 2:111-123.

22. Hyönä J., Lorch R. F. Jr., Kaakinen J. K. (2002). "Individual differences in reading to summarize expository text: Evidence from eye fixation patterns." Journal of Educational Psychology, 94:44–55.

23. Konstant T. (2010). Work smarter with speed reading. Hodder Education: London.

24. Muijs D., Bokhove C. (2020). "Metacognition and Self-Regulation: Evidence Review." Education Endowment Foundation.

25. Veenman M.V.J., Van Hout-Wolters B.H.A.M., Afflerbach P. (2006). "Metacognition and learning: conceptual and methodological considerations." Metacognition and Learning, 1:3–14.

26. Dehaene S. (2020). How We Learn: Why Brains Learn Better Than Any Machine . . . for Now. Viking: U.S.A.

27. LaLumiere R. T. (2014). "Dopamine and Memory." In Meneses A. (Ed.), Identification of Neural Markers Accompanying Memory (79-94), Elsevier: Amsterdam.

28. Kang M.J., Hsu M., Krajbich I.M., et al. (2009). "The Wick in the Candle of Learning: Epistemic Curiosity Activates Reward Circuitry and Enhances Memory." Psychological Science, 20(8):963-973.

29. https://www.pomodorotechnique.com/

30. Oakley B., Sejnowski T., McConville A. (2018). Learning How to Learn: How to Succeed in School Without Spending All Your Time Studying; A Guide for Kids and Teens. Penguin Random House: New York.

31. https://desktime.com/blog/17-52-ratio-most-productive-people/

32. Medina J. (2014). Brain Rules: 12 Principles for Surviving and Thriving at Work, Home, and School. Pear Press: Seattle.

11. Daneman M., Newson M. (1992). "Assessing the importance of subvocalization during normal silent reading." Reading and Writing, 4:55–77.

12. Leinenger M. (2014). "Phonological coding during reading." Psychological Bulletin, 140:1534–1555.

13. Alderson-Day B., Fernyhough C. (2015). "Inner Speech: Development, Cognitive Functions, Phenomenology, and Neurobiology." Psychological Bulletin, 141(5):931-965.

14. Kross E. (2021). Chatter: The voice in our head, why it matters, and how to harness it. Crown: New York.

15. Just M. A., Carpenter P. A. (1980). "A theory of reading: From eye fixations to comprehension." Psychological Review, 87:329–354.

16. Everatt J., Bradshaw M. F., Hibbard P. B. (1998). "Individual differences in reading and eye movement control." In Underwood G. (Ed.), Eye guidance in reading and scene perception (pp. 223–242). Elsevier Science: Oxford.

17. Schotter E. R., Tran R., Rayner K. (2014). "Don't believe what you read (only once): Comprehension is supported by regressions during reading." Psychological Science, 25:1218–1226.

18. Calef T., Pieper M., Coffey B. (1999). "Comparisons of eye movements before and after a speed-reading course." Journal of the American Optometric Association, 70:171–181.

19. Taylor S. E. (1965). "Eye movements in reading: Facts and fallacies." American Educational Research Journal, 2:187–202.

20. Just M., Masson M., Carpenter P. (1980). "The differences between speed reading and skimming." Bulletin of the Psychonomic Society, 16:171.

21. Duggan G. B., Payne S. J. (2009). "Text skimming: The process and effectiveness of foraging through text under time pressure." Journal of Experimental Psychology: Applied, 15:228–242.

参考文献

1. Brozo W. G., Johns J. L. (1986). "A content and critical analysis of 40 speed reading books." Journal of Reading, 30:242–247.

2. Rayner K., Well A. D., Pollatsek A. (1980). "Asymmetry of the effective visual field in reading." Perception & Psychophysics, 27:537–544.

3. Rayner K. (2009). "The thirty-fifth Sir Frederick Bartlett lecture: Eye movements and attention in reading, scene perception, and visual search." Quarterly Journal of Experimental Psychology, 62:1457–1506.

4. Rayner K., Reingold E. M. (2015). "Evidence for direct cognitive control of fixation durations during reading." Current Opinion in Behavioral Sciences, 1:107–112.

5. Rayner K., Slowiaczek M. L., Clifton C., Bertera J. H. (1983). "Latency of sequential eye movements: Implications for reading." Journal of Experimental Psychology: Human Perception and Performance, 9:912–922.

6. Rayner K., Schotter E. R., Masson M. E. J., Potter M. C., Treiman R. (2016). "So Much to Read, So Little Time: How Do We Read, and Can Speed Reading Help?" Psychological Science in the Public Interest, 17(1):4-34.

7. Rayner K. (2009). "The thirty-fifth Sir Frederick Bartlett lecture: Eye movements and attention in reading, scene perception, and visual search." Quarterly Journal of Experimental Psychology, 62:1457–1506.

8. Ishida T., Ikeda M. (1989). "Temporal properties of information extraction in reading studied by a text-mask replacement technique." Journal of the Optical Society of America A, 6:1624–1632.

9. Matin E. (1974). "Saccadic suppression: A review and an analysis." Psychological Bulletin, 81:899–917.

10. Irwin D. E. (1998). "Lexical processing during saccadic eye movements." Cognitive Psychology, 36:1–27.

著者紹介

星友啓（ほし・ともひろ）

スタンフォード大学・オンラインハイスクール校長／哲学博士／EdTechコンサルタント

1977年東京生まれ。東京大学文学部思想文化学科哲学専修課程卒業。その後渡米し、Texas A&M大学哲学修士、スタンフォード大学哲学博士課程修了。同大学哲学部講師として論理学で教鞭をとりながら、スタンフォード・オンラインハイスクールスタートアッププロジェクトに参加。2016年より校長に就任。現職の傍ら、哲学、論理学、リーダーシップの講義活動や、米国、アジアにむけて、教育及び教育関連テクノロジー（EdTech）のコンサルティングにも取り組む。

著書に『スタンフォード式 生き抜く力』（ダイヤモンド社）、『脳科学が明かした！ 結果が出る最強の勉強法』（光文社）、『全米トップ校が教える自己肯定感の育て方』『脳を活かすスマホ術』（いずれも朝日新聞出版）、『スタンフォード・オンラインハイスクール校長が教える子どもの「考える力を伸ばす」教科書』（大和書房）、『スタンフォードが中高生に教えていること』『「ダメ子育て」を科学が変える！ 全米トップ校が親に教える57のこと』（いずれもSBクリエイティブ）がある。

スタンフォード大学《だいがく》・オンラインハイスクール校長《こうちょう》が教《おし》える
脳《のう》が一生忘《いっしょうわす》れないインプット術《じゅつ》　〈検印省略〉

2024年 6月 18日 第 1 刷発行
2024年 10月 11日 第 9 刷発行

著　者——星 友啓（ほし・ともひろ）
発行者——田賀井 弘毅

発行所——株式会社あさ出版
〒171-0022 東京都豊島区南池袋 2-9-9 第一池袋ホワイトビル 6F
電　話 03 (3983) 3225（販売）
03 (3983) 3227（編集）
F A X 03 (3983) 3226
U R L http://www.asa21.com/
E-mail info@asa21.com
印刷・製本 広研印刷（株）

note http://note.com/asapublishing/
facebook http://www.facebook.com/asapublishing
X http://twitter.com/asapublishing

ISBN978-4-86667-685-2 C2034